勝《か》つための将棋《しょうぎ》

入門編《にゅうもんへん》

監修《かんしゅう》 片上《かたがみ》大輔《だいすけ》

構成《こうせい》・原稿執筆《げんこうしっぴつ》 東京大学将棋部《とうきょうだいがくしょうぎぶ》

はじめに

いま、将棋《しょうぎ》が大ブームです。

最年少棋士《さいねんしょうきし》・藤井聡太《ふじいそうた》さんの大活躍《だいかつやく》や、羽生《はぶ》善治《よしはる》さんの国民栄誉賞受賞《こくみんえいよしょうじゅしょう》などで、「プロ棋士《きし》」の存在《そんざい》に注目《ちゅうもく》が集《あつ》まっているのは、同《おな》じ棋士《きし》として本当《ほんとう》にうれしく思《おも》っています。

将棋《しょうぎ》は考《かんが》える力《ちから》や、「集中力《しゅうちゅうりょく》」「決断力《けつだんりょく》」などを養《やしな》うことができるゲームです。

また、自分自身《じぶんじしん》が集中《しゅうちゅう》して考《かんが》えて、決断《けつだん》するだけではなく、必《かなら》ず相手《あいて》のこともよく見《み》ていないと勝《か》てません。「洞察力《どうさつりょく》」を自然《しぜん》に養《やしな》えるのが将棋《しょうぎ》の素晴《すば》らしいところだと思《おも》います。

そのほかにも論理的《ろんりてき》な思考力《しこうりょく》や判断力《はんだんりょく》、先《さき》を見通《みとお》す力《ちから》など、たくさんの能力《のうりょく》が身《み》に付《つ》くと言《い》われています。

（監修者《かんしゅうしゃ》の言葉《ことば》）

私《わたし》はプロ棋士《きし》になる前《まえ》、奨励会三段《しょうれいかいさんだん》のときに東京大学《とうきょうだいがく》に進学《しんがく》しました。大学受験《だいがくじゅけん》のときにはまず「合格《ごうかく》のためには○点取《てんと》らないといけないな」とか「今週《こんしゅう》はこの科目《かもく》を勉強《べんきょう》して、来週《らいしゅう》は……」といった感《かん》じで目標《もくひょう》やスケジュールを考《かんが》えました。問題《もんだい》を解《と》くときには「こういう手順《てじゅん》で解《と》いていこう」というような筋道《みちすじ》を立《た》てた考《かんが》え方《かた》や「たぶんこの部分《ぶぶん》が特《とく》に大事《だいじ》だろうな」と出題《しゅつだい》の意図《いと》を洞察《どうさつ》する力《ちから》が役《やく》に立《た》ちました。いずれも、将棋《しょうぎ》を通《つう》じて身《み》に付《つ》けてきた能力《のうりょく》が生《い》かされたと思《おも》っています。

もうひとつ、将棋《しょうぎ》で大事《だいじ》なことが、礼儀作法《れいぎさほう》です。

監修《かんしゅう》　片上《かたがみ》大輔《だいすけ》　七段《しちだん》

日本将棋連盟棋士《にほんしょうぎれんめいきし》

【略歴《りゃくれき》】

1981年8月28日生まれ。広島市出身。
故・村山聖九段、山崎隆之八段、糸谷哲郎八段らを輩出した広島将棋センターで幼少期を過ごす。
1993年　6級で奨励会入会。森信雄七段門下。
2000年　修道高校を卒業し、東京大学文科Ⅰ類に入学。
2004年　四段昇段、プロ棋士デビュー。
東京大学在学中の棋士は史上初。
2005年　東京大学卒業。東京大学卒の棋士も史上初。
2006年　五段昇段。
2009年　六段昇段。
2013年～2017年
日本将棋連盟理事・常務理事を務める。
2014年から首都大学東京にて非常勤講師を務めている。
2018年　七段昇段。

将棋《しょうぎ》には「3つのあいさつ」があると言《い》われます。「おねがいします」「まけました」「ありがとうございました」の3つです。対局《たいきょく》を始《はじ》めるときにあいさつ、終《お》わったときにもあいさつ、これを忘《わす》れないようにしましょう。最初《さいしょ》は慣《な》れないかもしれませんが、毎回《まいかい》やっているうちに、自然《しぜん》と身《み》に付《つ》いてきます。

将棋《しょうぎ》の強《つよ》い人《ひと》ほど、あいさつもきちんとしているものです。将棋《しょうぎ》で良《よ》い礼儀作法《れいぎさほう》が身《み》に付《つ》けば、毎日《まいにち》の生活習慣《せいかつしゅうかん》にも良《よ》い影響《えいきょう》があることでしょう。

私《わたし》も最初《さいしょ》は、一冊《いっさつ》の入門書《にゅうもんしょ》がスタートでした。みなさんもこの本《ほん》で正《ただ》しいルールとマナーを学《まな》んで、家族《かぞく》や友《とも》だちと楽《たの》しく将棋《しょうぎ》を指《さ》してみましょう。

将棋《しょうぎ》を通《つう》じて、みなさんにたくさんの素晴《すば》らしい学《まな》びと出会《であ》いがあることを願《ねが》っています。

勝《か》つための将棋《しょうぎ》 入門編《にゅうもんへん》

監修《かんしゅう》 片上《かたがみ》 大輔《だいすけ》

構成《こうせい》・原稿執筆《げんこうしっぴつ》 東京大学将棋部《とうきょうだいがくしょうぎぶ》

目《もく》次《じ》

目《もく》 次《じ》

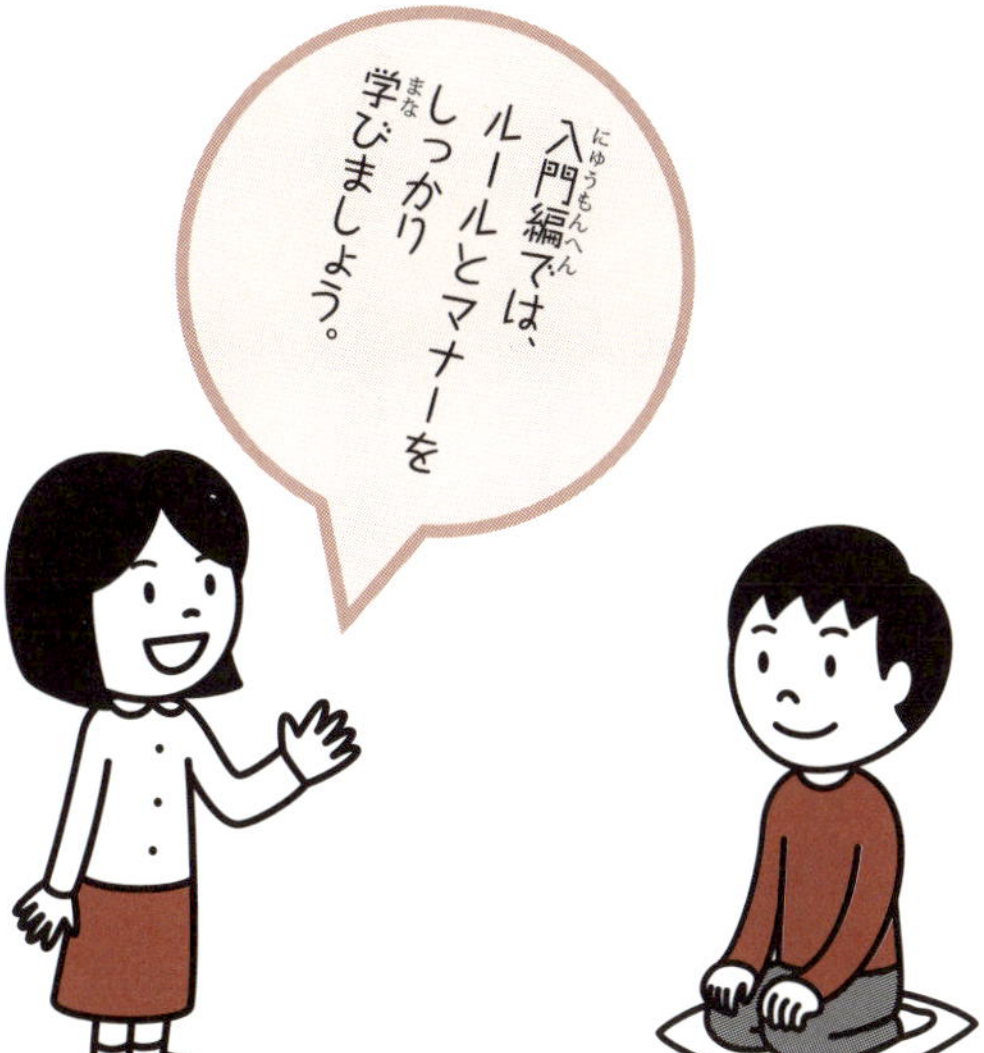

入門編《にゅうもんへん》では、ルールとマナーをしっかり学《まな》びましょう。

この本《ほん》の使《つか》い方《かた》

この本《ほん》では、将棋《しょうぎ》のルールや、マナー、対局《たいきょく》の進《すす》め方《かた》、戦法《せんぽう》などを学《まな》んでいきます。

将棋盤《しょうぎばん》の図《ず》

このページで覚《おぼ》える内容《ないよう》。

将棋盤《しょうぎばん》のタテのマス(筋《すじ》)を示《しめ》す数字《すうじ》

このページの見出《みだ》し。

← は駒《こま》の動《うご》きを示《しめ》しています。

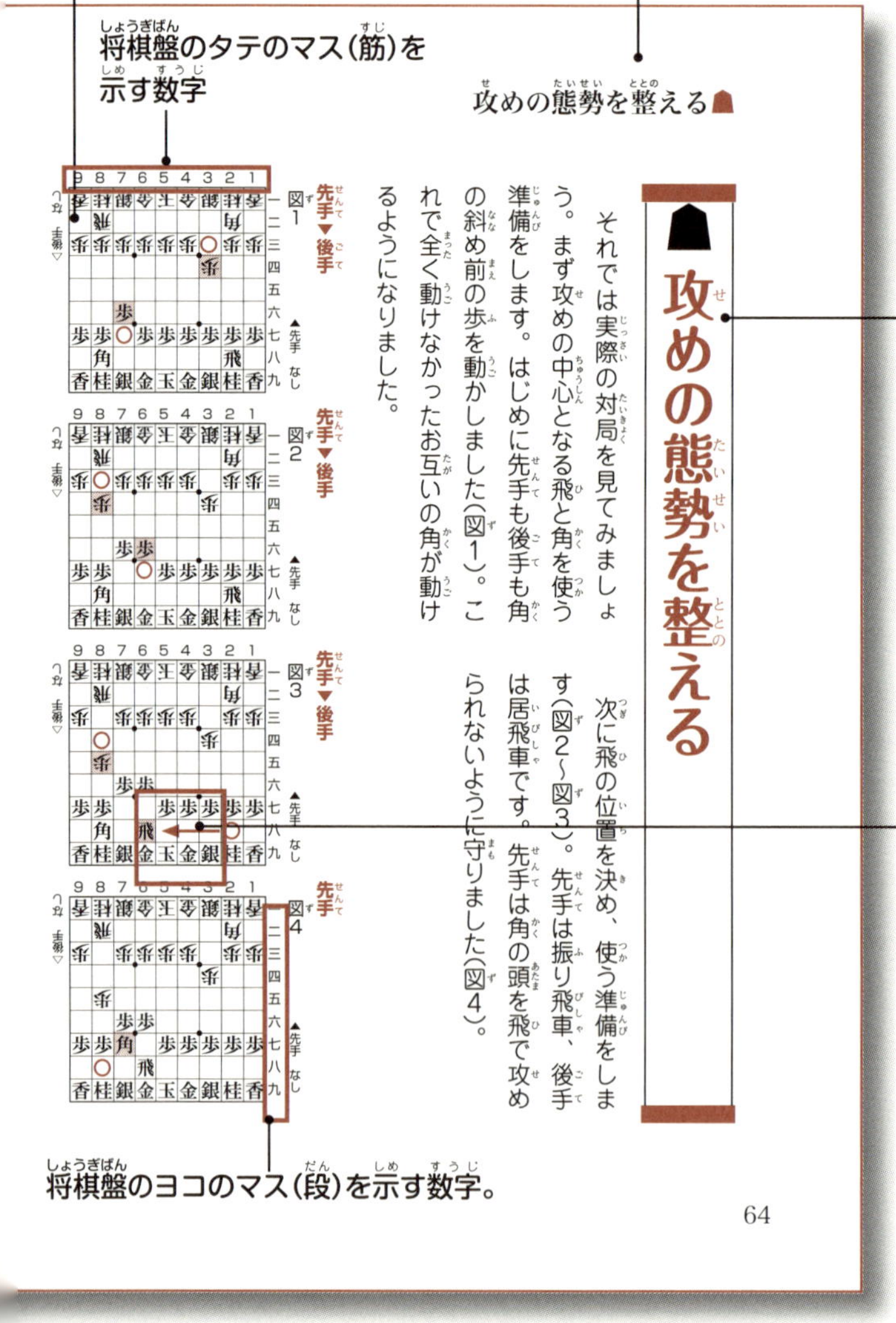

攻《せ》めの態勢《たいせい》を整《ととの》える
攻《せ》めの態勢《たいせい》を整《ととの》える
それでは実際《じっさい》の対局《たいきょく》を見てみましょう。まず攻《せ》めの中心《ちゅうしん》となる飛《ひ》と角《かく》を使《つか》う準備《じゅんび》をします。はじめに先手《せんて》も後手《ごて》も角《かく》の斜《なな》め前《まえ》の歩《ふ》を動《うご》かしました(図《ず》1)。これで全《まった》く動《うご》けなかったお互《たが》いの角《かく》が動《うご》けるようになりました。
次《つぎ》に飛《ひ》の位置《いち》を決《き》め、使《つか》う準備《じゅんび》をします(図《ず》2~図《ず》3)。先手《せんて》は振《ふ》り飛車《びしゃ》、後手《ごて》は居飛車《いびしゃ》です。先手《せんて》は角《かく》の頭《あたま》を飛《ひ》で攻《せ》められないように守《まも》りました(図《ず》4)。
図《ず》1 先手《せんて》▼後手《ごて》
図《ず》2 先手《せんて》▼後手《ごて》
図《ず》3 先手《せんて》▼後手《ごて》
図《ず》4 先手《せんて》
64

将棋盤《しょうぎばん》のヨコのマス(段《だん》)を示《しめ》す数字《すうじ》。

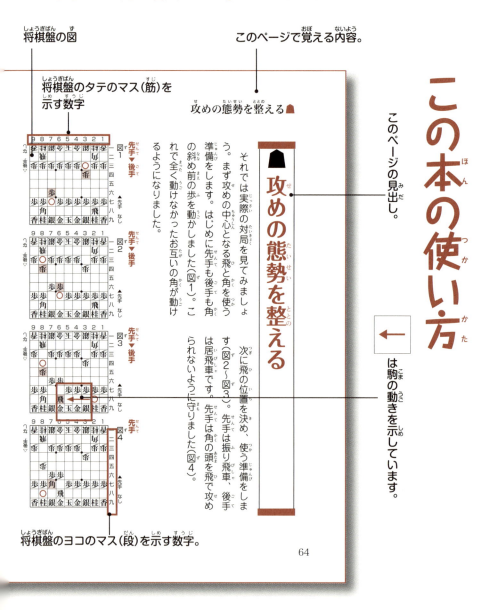

この本《ほん》の使《つか》い方《かた》

章《しょう》タイトル

このページで覚《おぼ》える内容《ないよう》

○は、駒《こま》があった元《もと》の位置《いち》を示《しめ》しています。

（網かけのマス）は、駒《こま》を置《お》いた位置《いち》を示《しめ》しています。

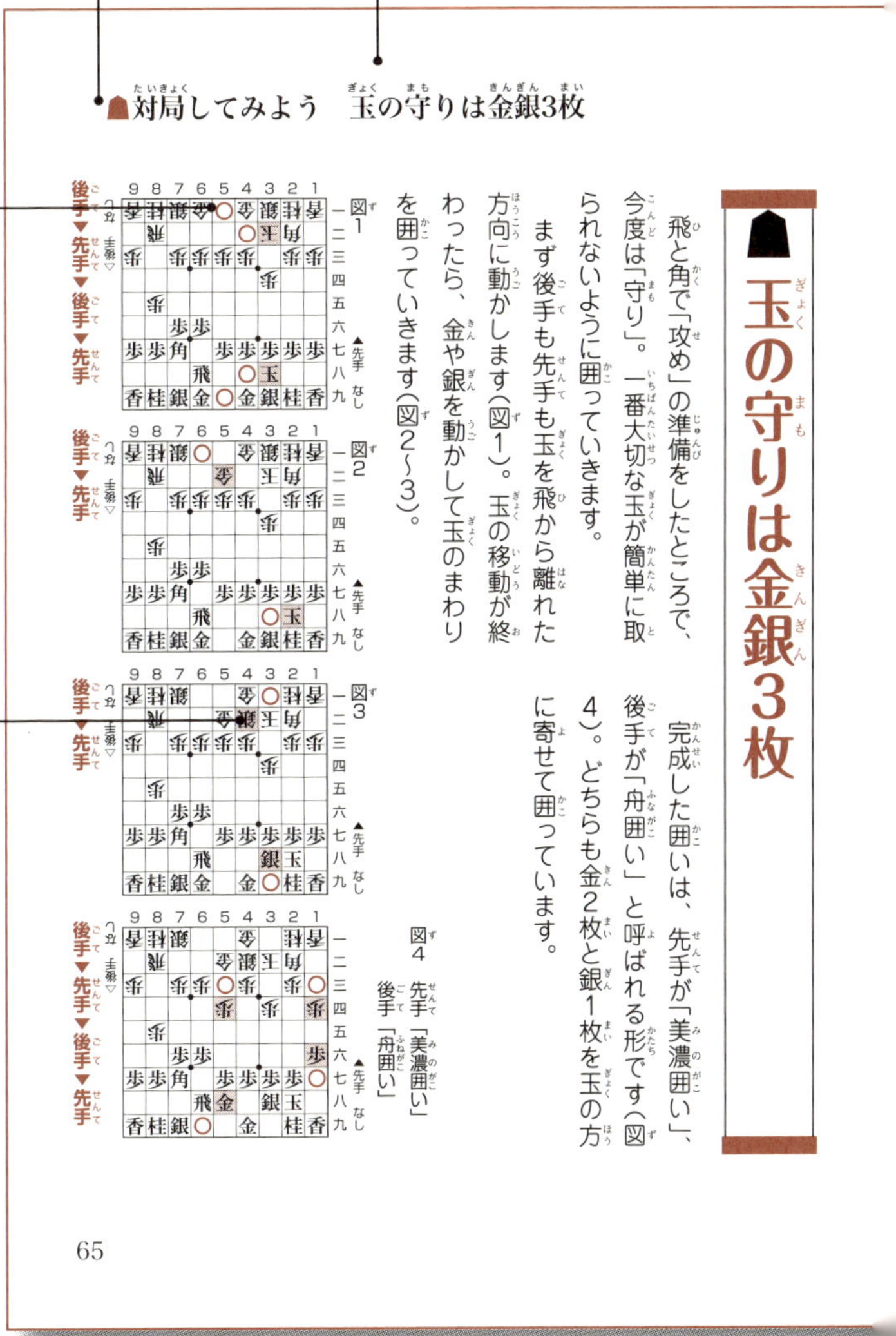

対局《たいきょく》してみよう　玉《ぎょく》の守《まも》りは金銀《きんぎん》3枚《まい》

玉《ぎょく》の守《まも》りは金銀《きんぎん》3枚

飛《ひ》と角《かく》で「攻《せ》め」の準備《じゅんび》をしたところで、今度《こんど》は「守《まも》り」。一番大切《いちばんたいせつ》な玉《ぎょく》が簡単《かんたん》に取《と》られないように囲《かこ》っていきます。

まず後手《ごて》も先手《せんて》も玉《ぎょく》を飛《ひ》から離《はな》れた方向《ほうこう》に動《うご》かします(図《ず》1)。玉《ぎょく》の移動《いどう》が終《お》わったら、金《きん》や銀《ぎん》を動《うご》かして玉《ぎょく》のまわりを囲《かこ》っていきます(図《ず》2〜3)。

完成《かんせい》した囲《かこ》いは、先手《せんて》が「美濃囲《みのがこ》い」、後手《ごて》が「舟囲《ふながこ》い」と呼《よ》ばれる形《かたち》です(図《ず》4)。どちらも金《きん》2枚《まい》と銀《ぎん》1枚《まい》を玉《ぎょく》の方《ほう》に寄《よ》せて囲《かこ》っています。

図《ず》1

図《ず》2

図《ず》3

図《ず》4　先手《せんて》「美濃囲《みのがこ》い」　後手《ごて》「舟囲《ふながこ》い」

65

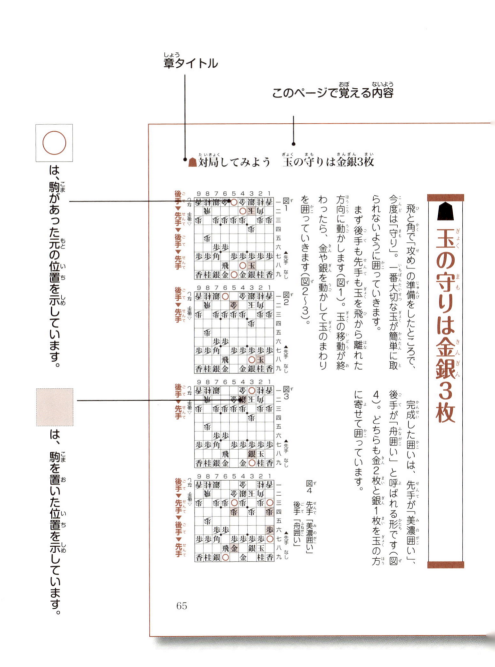

王様《おうさま》を取《と》り合《あ》うゲーム

　将棋《しょうぎ》は日本《にほん》で昔《むかし》から親《した》しまれている伝統的《でんとうてき》なボードゲームです。古《ふる》くは平安時代《へいあんじだい》から楽《たの》しまれ、江戸時代《えどじだい》の将軍《しょうぐん》はお城《しろ》に将棋《しょうぎ》の強《つよ》い人《ひと》を招《まね》いて将棋《しょうぎ》を指《さ》させる「御城将棋《おしろしょうぎ》」を行《おこな》っていました。現在《げんざい》、将棋《しょうぎ》をする人《ひと》の数《かず》は一千万人《いっせんまんにん》を超《こ》えるとも言《い》われています。

　将棋《しょうぎ》は二人《ふたり》で対戦《たいせん》して勝敗《しょうはい》を争《あらそ》います。二人《ふたり》が盤《ばん》の上《うえ》で駒《こま》を動《うご》かし、相手《あいて》の「王《おう》」を先《さき》につかまえた方《ほう》が勝《か》ちとなります。合戦《かっせん》のように、自分《じぶん》の王様《おうさま》を囲《かこ》んで守《まも》り、相手《あいて》の王様《おうさま》を攻《せ》めてつかまえることがゲームの目的《もくてき》です。

将棋《しょうぎ》とは

後《あと》で紹介《しょうかい》する将棋《しょうぎ》の駒《こま》の名前《なまえ》も、昔《むかし》の武器《ぶき》や宝物《たからもの》から付《つ》けられています。

将棋《しょうぎ》というゲームをすることを「指《さ》す」と言《い》います。また、将棋《しょうぎ》を指《さ》していることを「対局《たいきょく》する」と言《い》います。将棋《しょうぎ》では対局《たいきょく》している二人《ふたり》が順番《じゅんばん》に駒《こま》を一回《いっかい》ずつ動《うご》かしますが、一回《いっかい》駒《こま》を動《うご》かすことを「一手指《いってさ》す」と言《い》います。

将棋《しょうぎ》は一度《いちど》ルールを覚《おぼ》えたらすぐ誰《だれ》とでも遊《あそ》ぶことができます。みんなもこの本《ほん》でまずはルールを覚《おぼ》えて、友達《ともだち》と対局《たいきょく》してみましょう！

9×9の盤《ばん》　40枚《まい》の駒《こま》

将棋盤《しょうぎばん》の盤面《ばんめん》は縦《たて》9×横《よこ》9、全部《ぜんぶ》で81マスあり、ここに味方《みかた》の駒《こま》を20枚《まい》と相手《あいて》の駒《こま》を20枚《まい》、全部《ぜんぶ》で40枚《まい》の駒《こま》を並《なら》べて対戦《たいせん》します。

将棋盤《しょうぎばん》の盤面《ばんめん》は、縦《たて》を筋《すじ》、横《よこ》を段《だん》と言《い》います。左《ひだり》の図《ず》の○で囲《かこ》った歩《ふ》を一《ひと》つ前《まえ》へ進《すす》めた場合《ばあい》、「9六歩《きゅうろくふ》」と表現《ひょうげん》します。

駒《こま》は8種類《しゅるい》

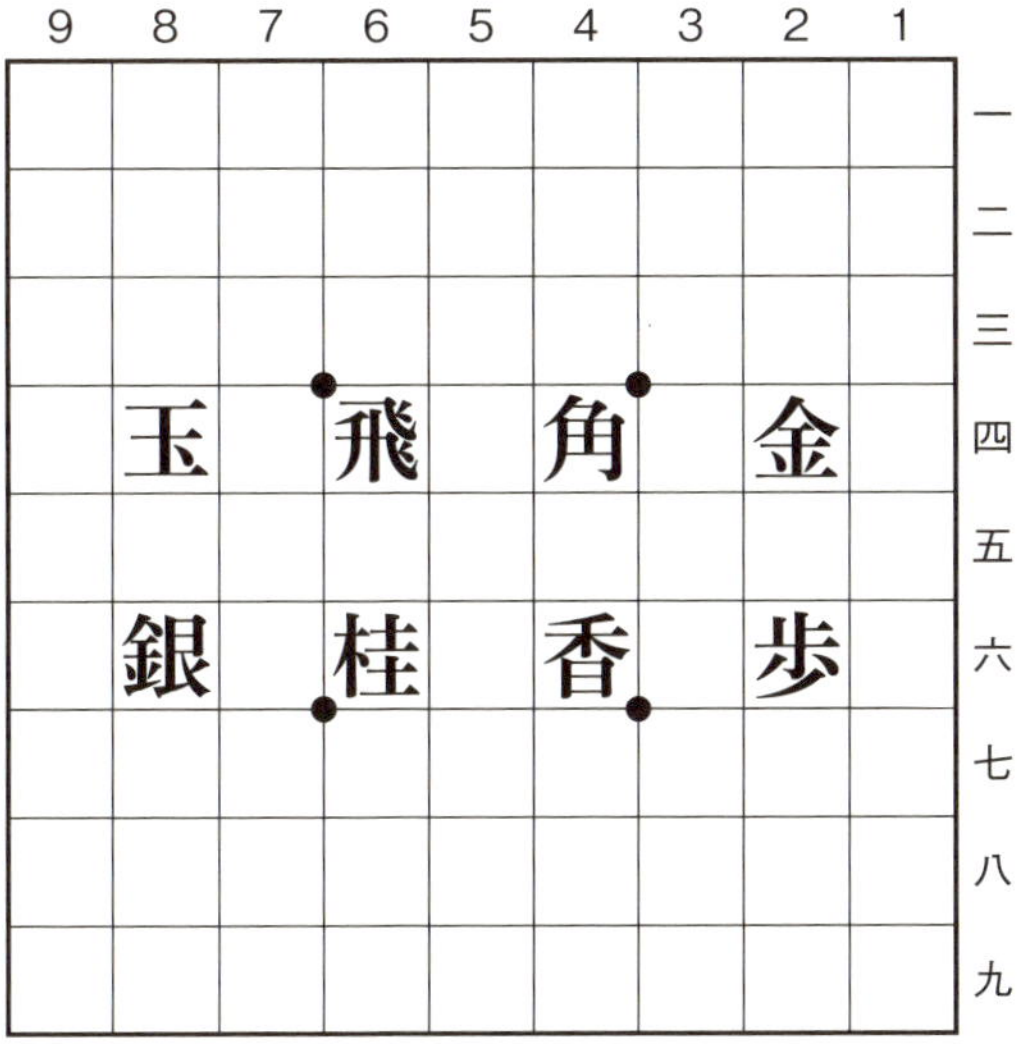

対局《たいきょく》に使《つか》われる駒《こま》は全部《ぜんぶ》で40枚《まい》、そのうち自分《じぶん》のものは20枚《まい》もありますが、種類《しゅるい》は8つしかありません。駒《こま》の名前《なまえ》は、より大切《たいせつ》な順《じゅん》から王将《おうしょう》（玉将《ぎょくしょう》※ひと組《くみ》に玉将《ぎょくしょう》と王将《おうしょう》が入《はい》っています）・飛《ひ》車《しゃ》・角行《かくぎょう》・金将《きんしょう》・銀将《ぎんしょう》・桂馬《けいま》・香車《きょうしゃ》・歩兵《ふひょう》と言《い》い、それぞれ王《おう》（玉《ぎょく》）・飛《ひ》・角《かく》・金《きん》・銀《ぎん》・桂《けい》・香《きょう》・歩《ふ》と略《りゃく》されます。

駒《こま》は「成《な》る」とパワーアップ

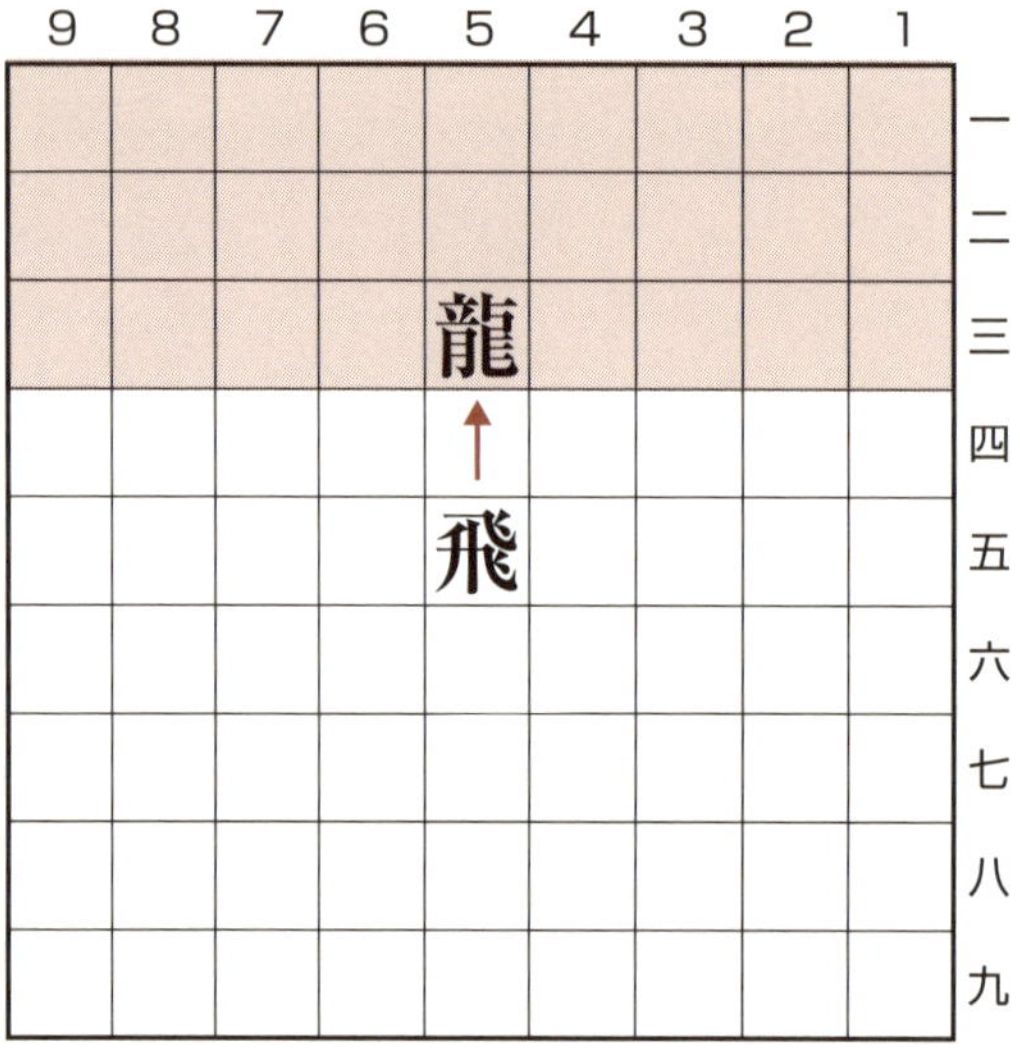

上三段《うえさんだん》は、相手《あいて》の陣地《じんち》

自分《じぶん》の駒《こま》を相手《あいて》の陣地《じんち》(上《うえ》から三段目《さんだんめ》まで)に進《すす》めると裏返《うらがえ》ってパワーアップすることができます。このことを「成《な》る」と呼《よ》び、駒《こま》が成《な》ると動《うご》ける場所《ばしょ》が増《ふ》え、名前《なまえ》も変《か》わります。成《な》った状態《じょうたい》は「成《な》り」と言《い》います。

たとえば「飛車《ひしゃ》」の駒《こま》が成《な》って裏返《うらがえ》ると「竜王《りゅうおう》(竜《りゅう》・龍《りゅう》)」になります。「龍《りゅう》」は、「竜《りゅう》」の飾《かざ》った文字《もじ》で意味《いみ》は同《おな》じです。同《おな》じように、角行《かくぎょう》(角《かく》)→竜馬《りゅうま》(龍馬《りゅうま》・馬《うま》)、銀将《ぎんしょう》→成銀《なりぎん》、桂馬《けいま》→成桂《なりけい》、香車《きょうしゃ》→成香《なりきょう》、歩兵《ふひょう》→と金《ときん》、とそれぞれ成《な》ると違《ちが》う動《うご》きをする駒《こま》になります。

「成《な》り」と「不成《ならず》」(不成《ふな》り)

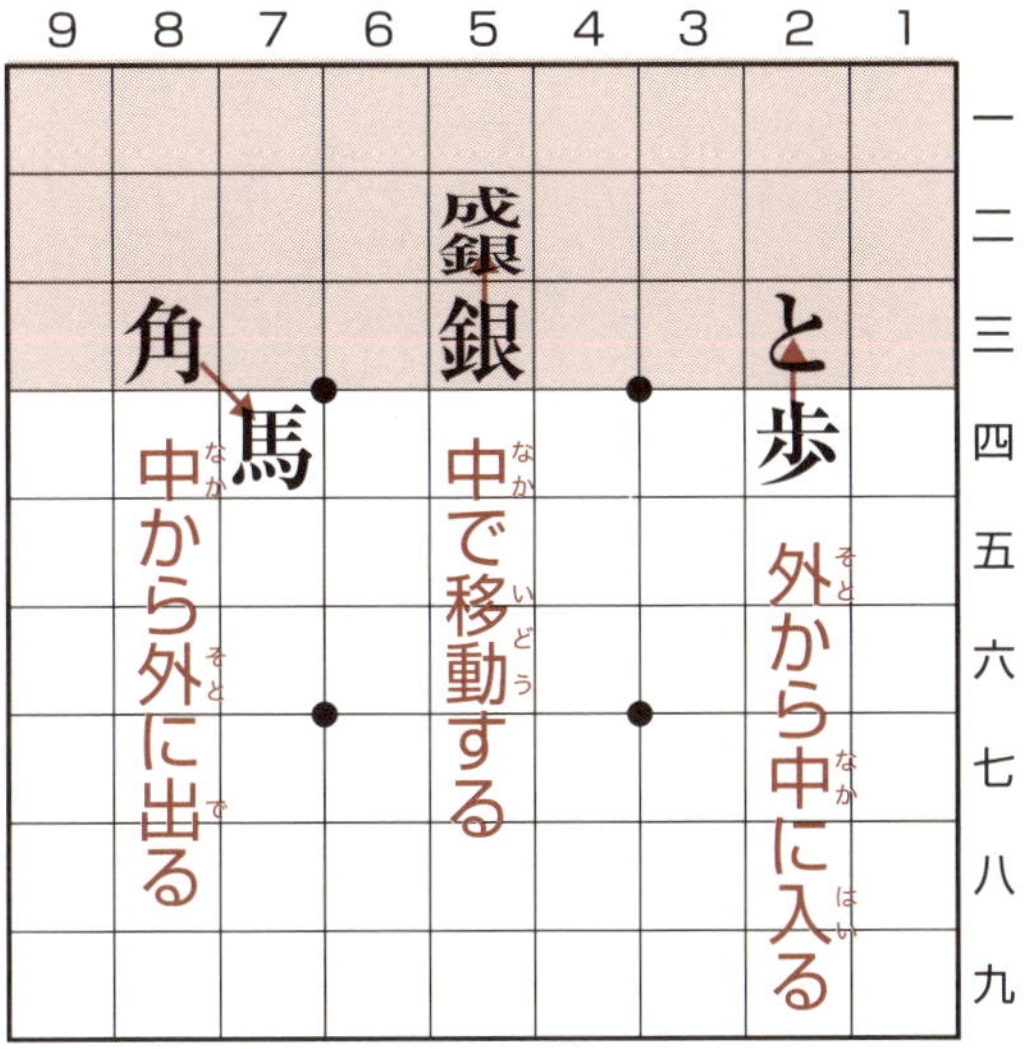

上三段《うえさんだん》に入《はい》ると「成《な》り」

成《な》りは、相手側三段《あいてがわさんだん》の外《そと》から中《なか》に入《はい》るとき、相手の陣地《じんち》の中《なか》で移動《いどう》するとき、中《なか》から外《そと》に出《で》るときのいずれかでできます。「と金《きん》」は、歩兵《ふひょう》の裏《うら》の文字《もじ》がひらがなの「と」に見《み》えることからこのように呼《よ》ばれます。

王《おう》(玉《ぎょく》)と、金《きん》は成《な》れません。王《おう》と金《きん》の将棋駒《しょうぎごま》を裏返《うらがえ》しても何《なに》も書《か》いてないことからもわかります。また、相手《あいて》の陣地《じんち》に入《はい》って成《な》れるときは必《かなら》ず成《な》らなければいけないわけではありません。成《な》れるところを、わざと成《な》らないことを「不成《ならず》」(不成《ふな》り)と言《い》います。

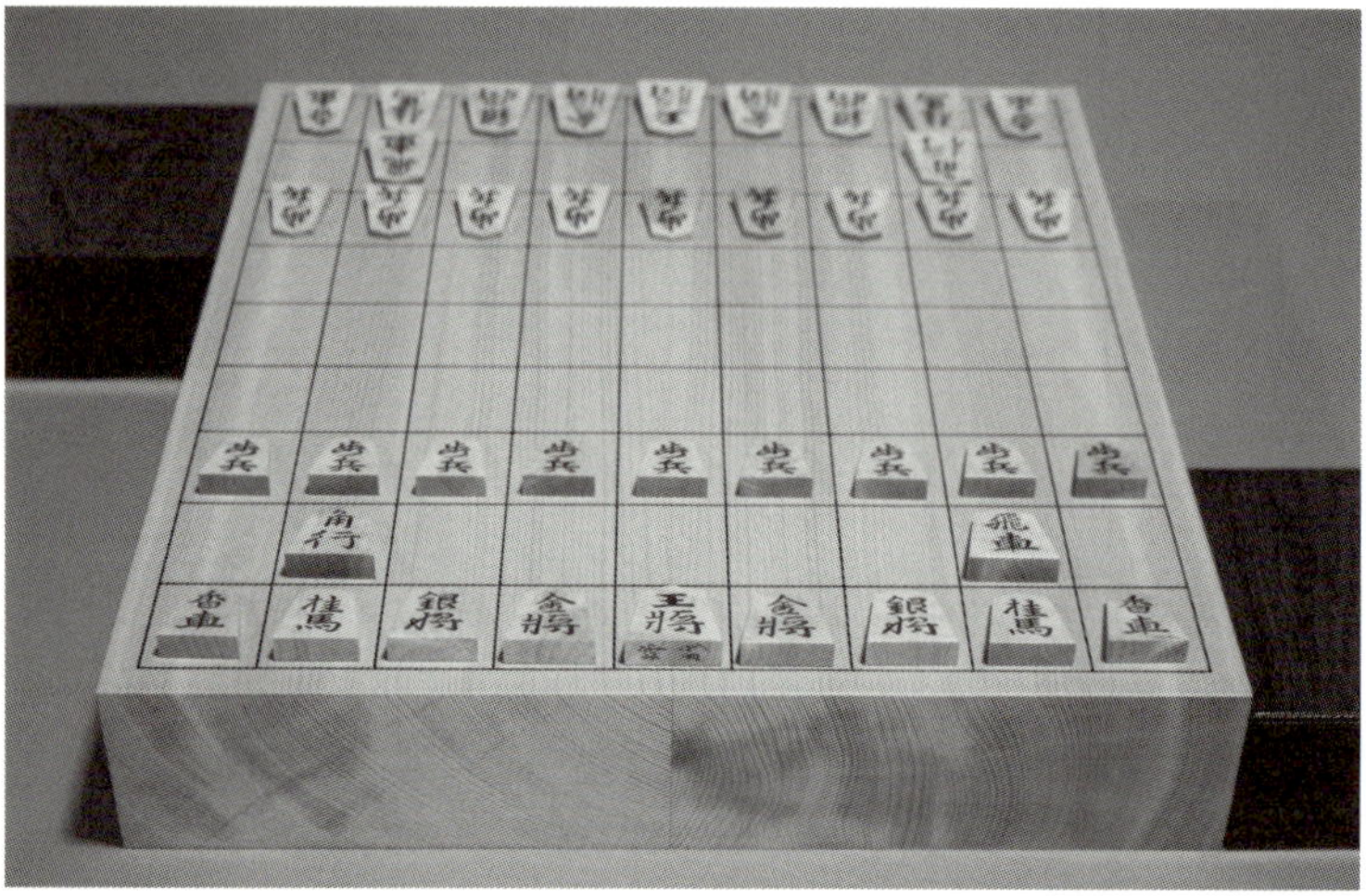

将棋盤《しょうぎばん》と駒《こま》

実際《じっさい》の将棋盤《しょうぎばん》と駒《こま》を写真《しゃしん》で見《み》ます。9×9のマス目《め》の盤《ばん》、8種類《しゅるい》、合計40枚《まい》の駒《こま》（P12～13）、駒《こま》の並《なら》べ方《かた》（P32）がわかります。

自分側《じぶんがわ》、相手側《あいてがわ》の右側《みぎがわ》には、取《と》った駒《こま》（持《も》ち駒《ごま》）を乗《の》せる駒台《こまだい》を置《お》きます。駒台《こまだい》は専用《せんよう》のものもありますが、駒《こま》を入《い》れてある箱《はこ》（駒箱《こまばこ》）を使《つか》って台《だい》にしてもかまいません。

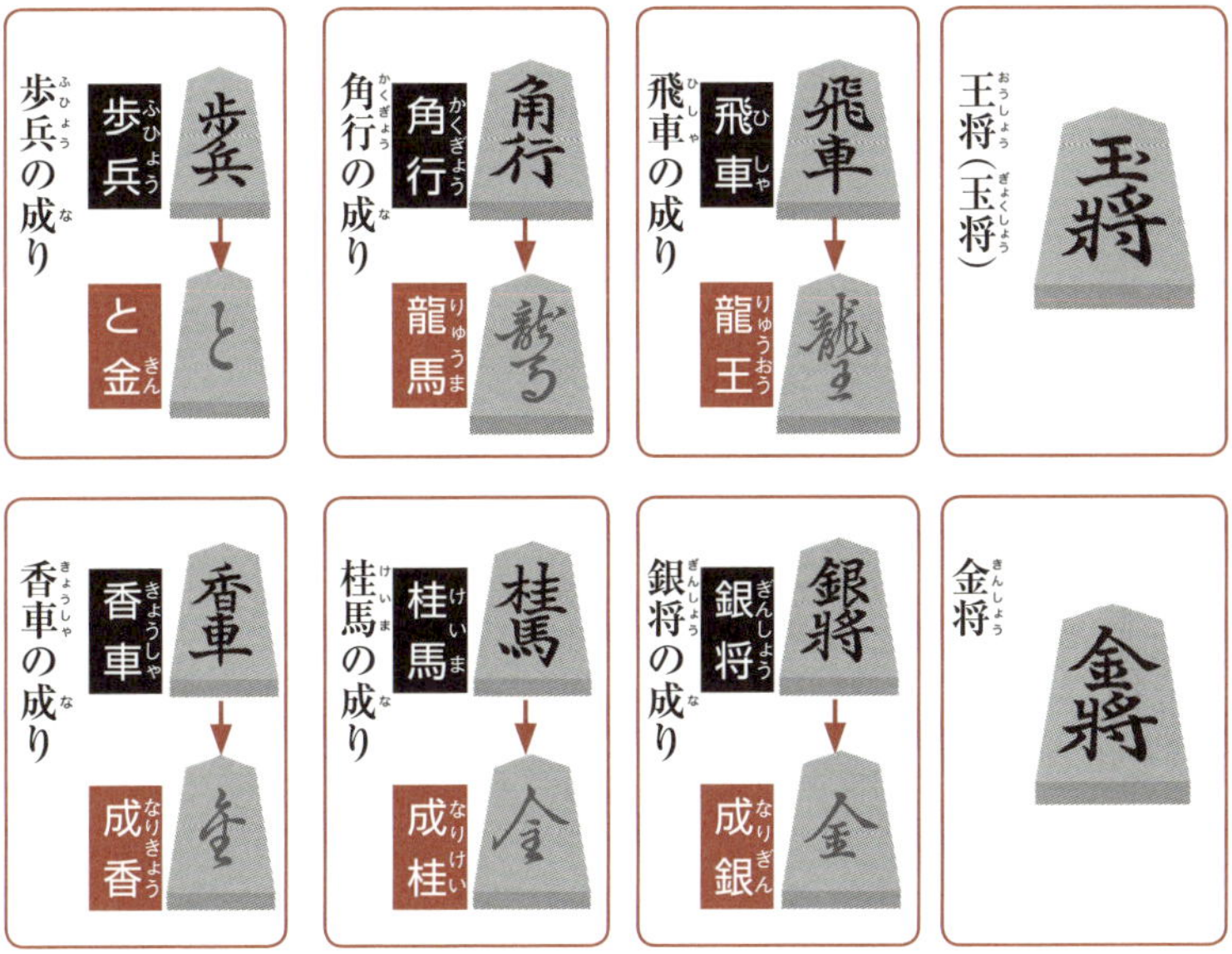

将棋《しょうぎ》の駒《こま》 表《おもて》と裏《うら》（成《な》り）

将棋《しょうぎ》の駒《こま》は、最初《さいしょ》は表《おもて》を上《うえ》にして並《なら》べます（P32）。成《な》ったあとは駒《こま》を裏返《うらがえ》しで使《つか》います。上《うえ》の図《ず》は表《おもて》と裏《うら》を上下《じょうげ》に並《なら》べたものです。上右《うえみぎ》から飛車《ひしゃ》は「龍王《りゅうおう》」、角行《かくぎょう》は「龍馬《りゅうま》」、歩兵《ふひょう》は「と（金《きん》）」、銀将《ぎんしょう》、桂馬《けいま》、香車《きょうしゃ》、はそれぞれ「金《きん》」と書《か》かれています。見慣《みな》れない文字《もじ》ですが、これらは、すべて金《きん》の崩《くず》し文字《もじ》です。本文中《ほんぶんちゅう》では成銀《なりぎん》、成桂《なりけい》、成香《なりきょう》、と金《きん》と表記《ひょうき》します。また、裏《うら》の文字《もじ》は、赤《あか》い文字《もじ》で書《か》かれている場合《ばあい》もよくあります。王《おう》（玉《ぎょく》）と金《きん》は、成《な》れません。

王《おう》(玉《ぎょく》)の動《うご》かし方《かた》

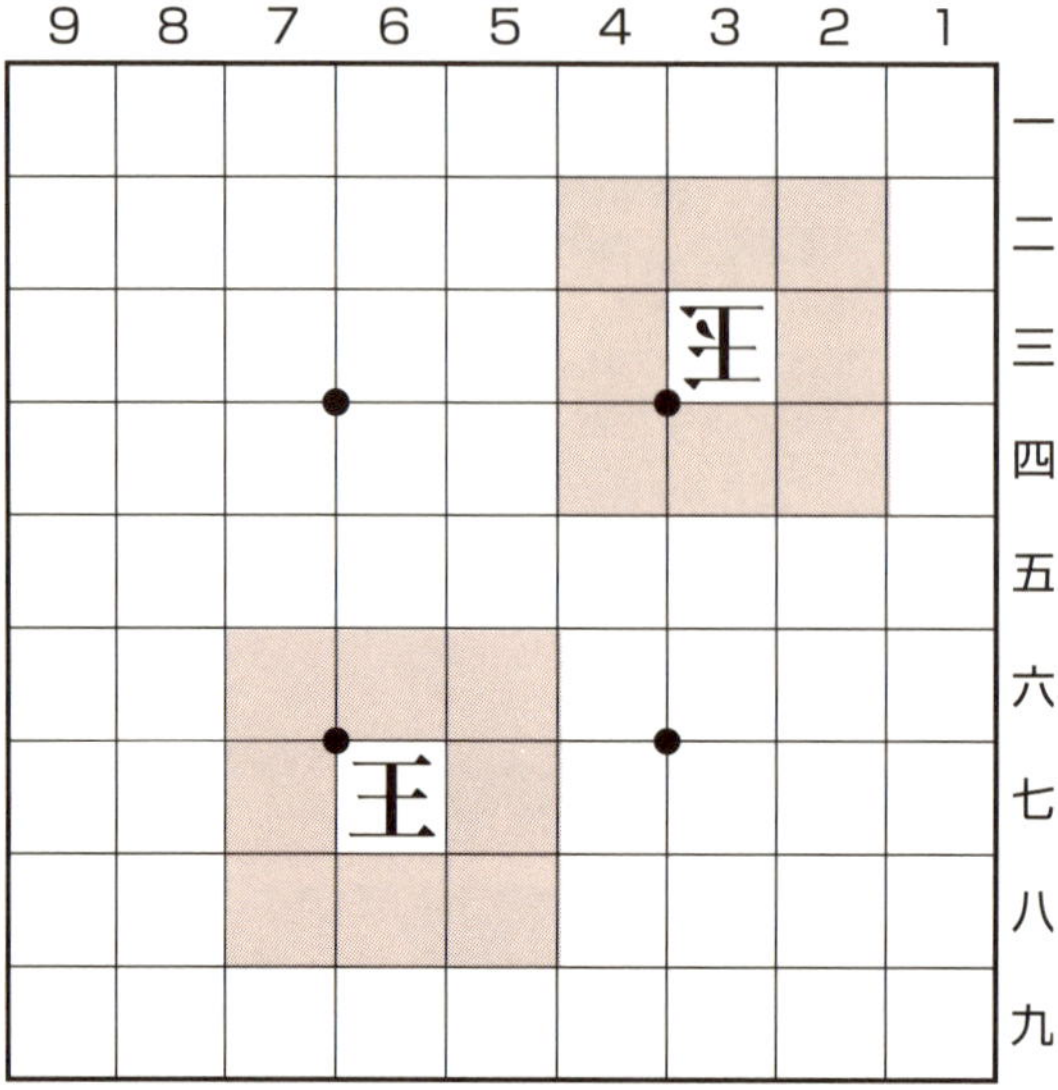

さて、いよいよ駒《こま》の動《うご》かし方《かた》を覚《おぼ》えていきましょう。駒《こま》が動《うご》ける場所《ばしょ》のことをその駒《こま》の「利《き》き」といいます。

最初《さいしょ》は取《と》られると負《ま》けてしまう最《もっと》も大切《たいせつ》な駒《こま》、王将《おうしょう》(玉将《ぎょくしょう》)です。王《おう》(玉《ぎょく》)は、縦《たて》・横《よこ》・斜《なな》めすべての方向《ほうこう》に1マスずつ動《うご》くことができます。

王《おう》と玉《ぎょく》は同《おな》じ駒《こま》で、年上《としうえ》の人《ひと》、もしくは将棋《しょうぎ》の強《つよ》い方《ほう》が王《おう》、その相手《あいて》の人《ひと》が玉《ぎょく》を使《つか》います。

飛車《ひしゃ》・竜《りゅう》(龍《りゅう》)の動《うご》かし方《かた》

飛車《ひしゃ》は8種類《しゅるい》の中《なか》で一番強《いちばんつよ》く、攻《せ》めの中心《ちゅうしん》になる駒《こま》です。途中《とちゅう》に駒《こま》がなければ、縦《たて》と横《よこ》にいくつでも動《うご》くことができます。

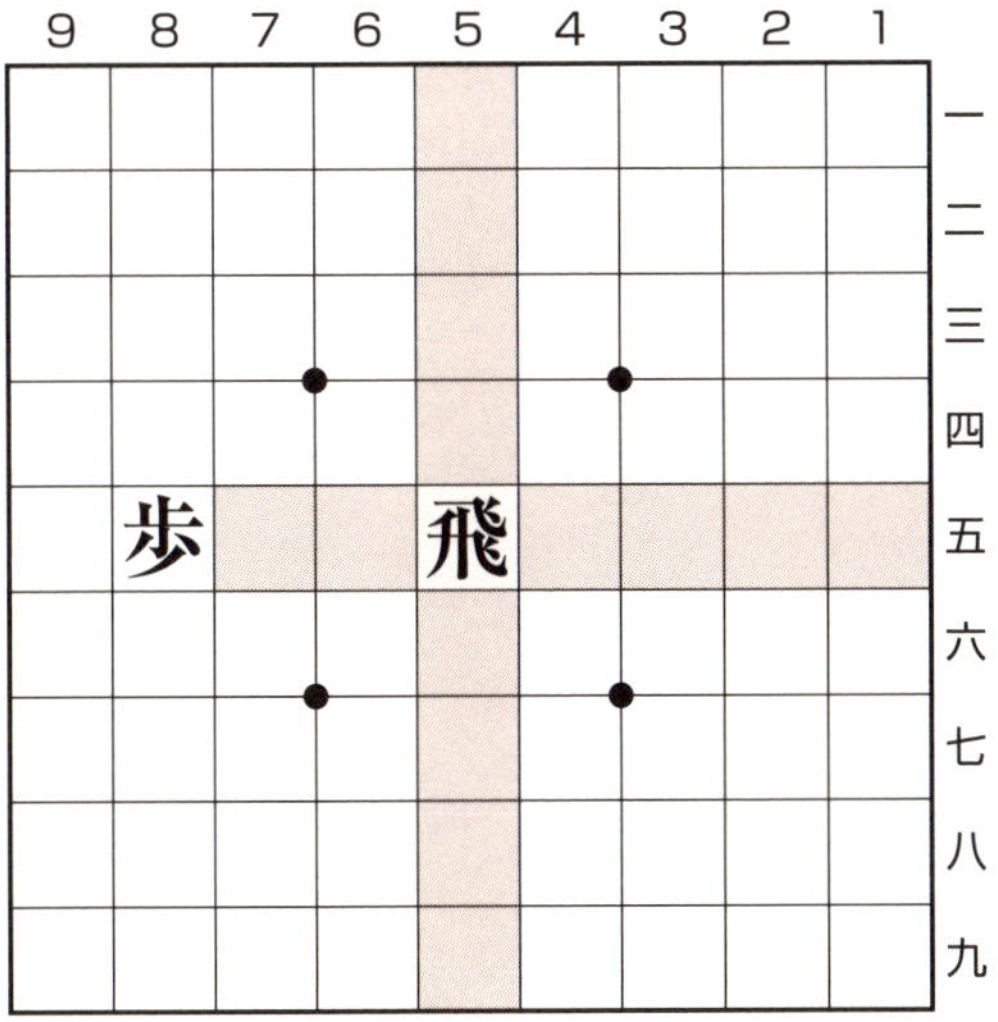

飛車《ひしゃ》が敵陣《てきじん》に入《はい》って成《な》ると竜王《りゅうおう》(龍王《りゅうおう》)になり、飛車《ひしゃ》の動《うご》きに加《くわ》えて周《まわ》りの1マスずつ、つまり王《おう》の動《うご》きが加《くわ》わり、最強《さいきょう》の駒《こま》となります。

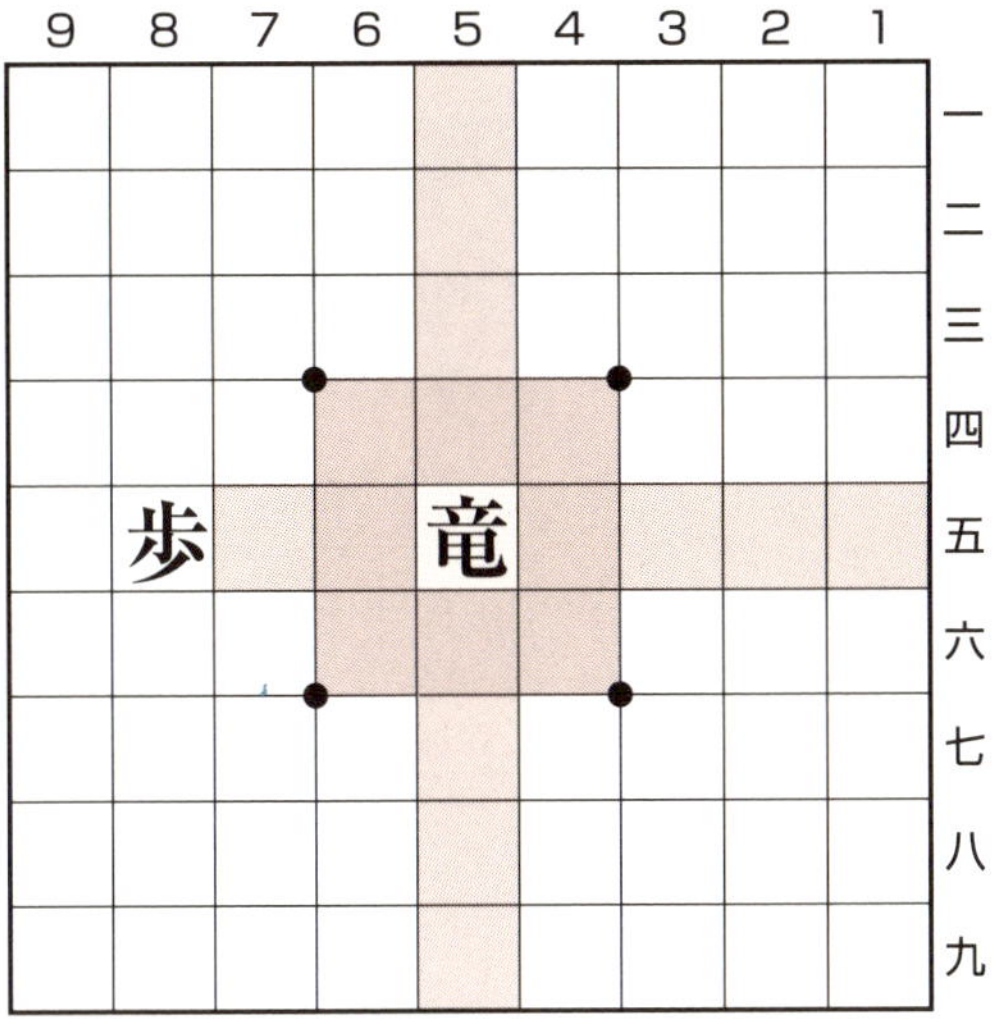

角《かく》・馬《うま》の動《うご》かし方《かた》

角《かく》は斜《なな》め四方向《よんほうこう》に、飛車《ひしゃ》と同《おな》じで途中《とちゅう》に駒《こま》がなければいくつでも動《うご》きます。大砲《たいほう》のように自分《じぶん》の陣地《じんち》（自陣《じじん》）の隠《かく》れたところから敵陣《てきじん》を狙《ねら》えるのが特徴《とくちょう》です。

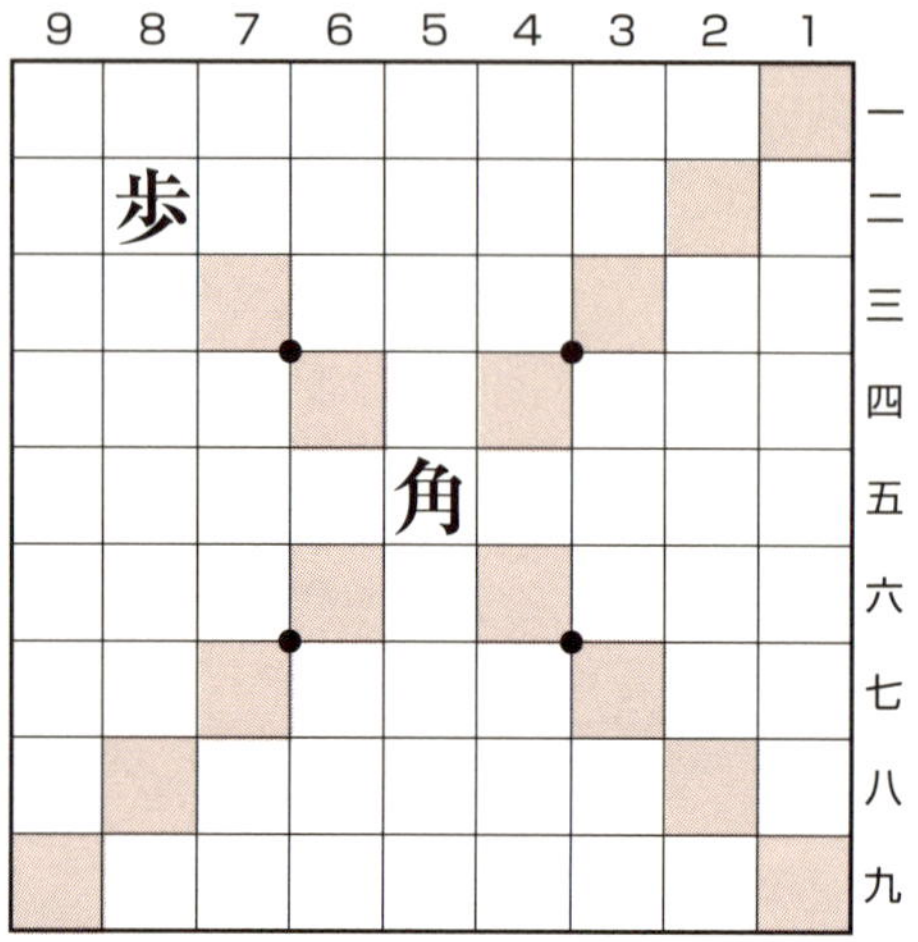

角《かく》が成《な》ると竜馬《りゅうま》（馬《うま》）になり、飛《ひ》が成《な》った竜《りゅう》と同《おな》じように、角《かく》の動《うご》きに王《おう》の動《うご》きが加《くわ》わります。攻《せ》めにも守《まも》りにも使《つか》える強力《きょうりょく》な駒《こま》です。

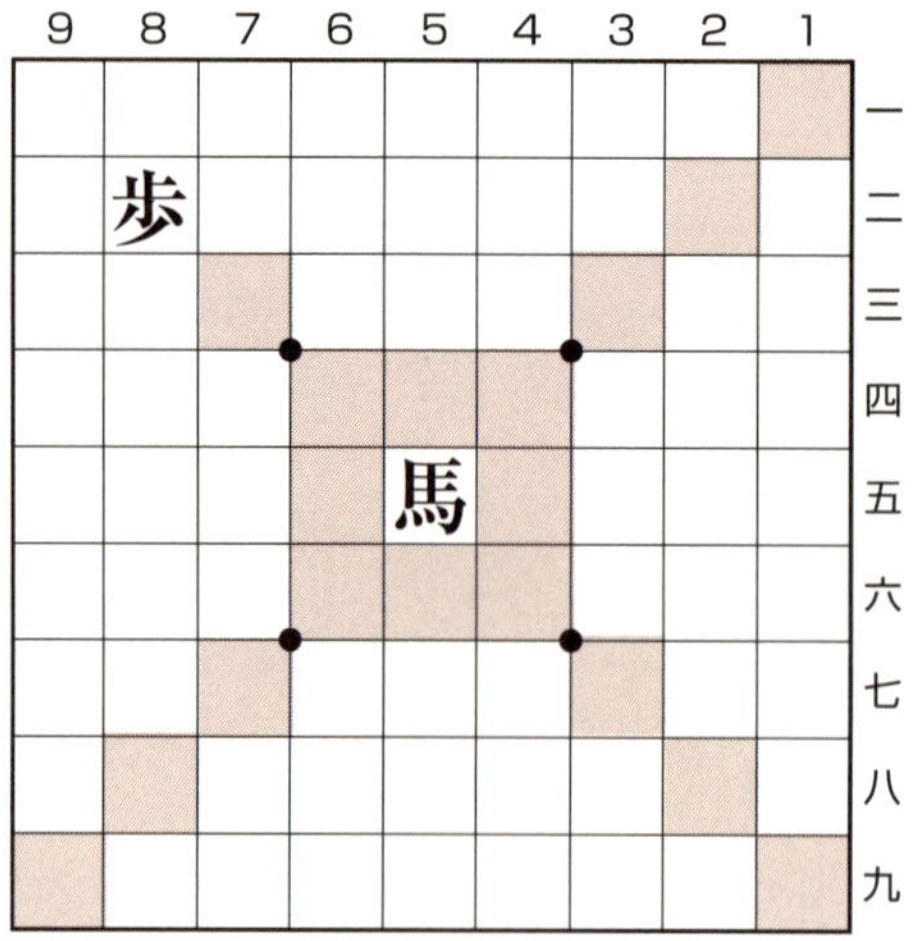

金《きん》・銀《ぎん》の動《うご》かし方《かた》

金《きん》は斜《なな》め下《した》2マス以外《いがい》の周《まわ》り1マスずつ、計《けい》6マスに動《うご》くことができます。王《おう》の強力《きょうりょく》な守《まも》り駒《ごま》であるとともに、相手《あいて》の王《おう》をしとめる役割《やくわり》を果《は》たすことも多《おお》い駒《こま》です。

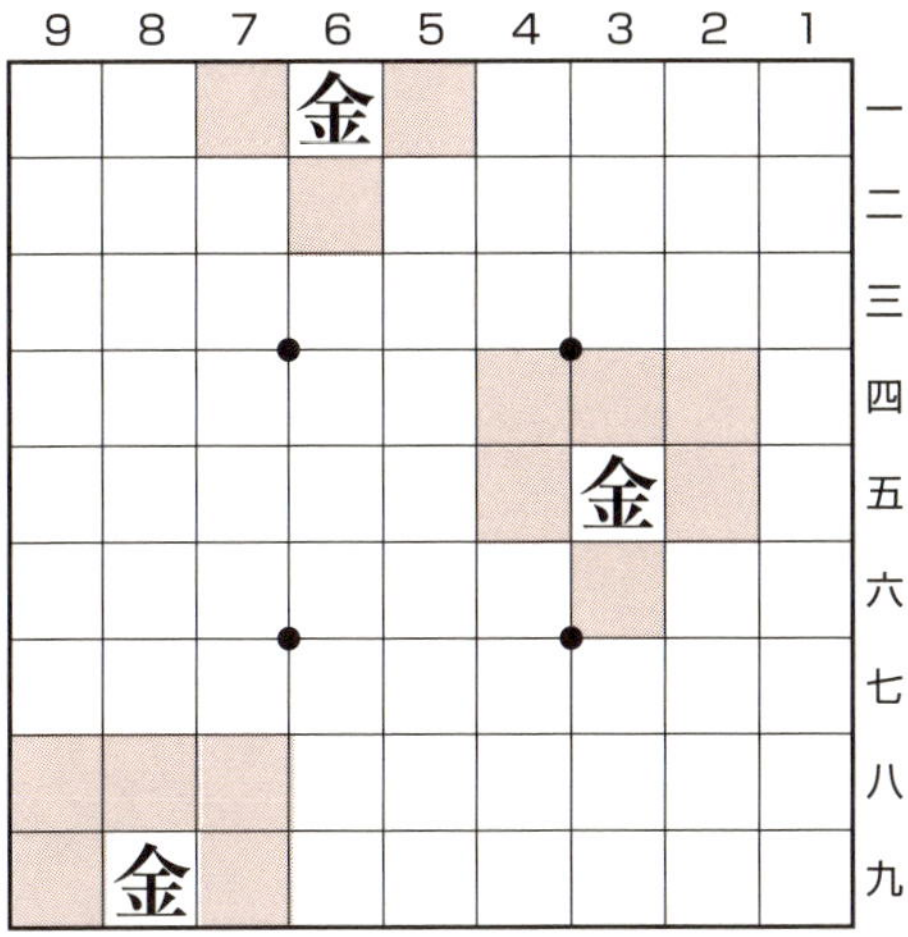

銀《ぎん》は真横《まよこ》と真後《まうし》ろ以外《いがい》の計《けい》5マスに動《うご》くことができます。

金《きん》と銀《ぎん》の動《うご》かし方《かた》は間違《まちが》えやすいので、しっかり覚《おぼ》えましょう。

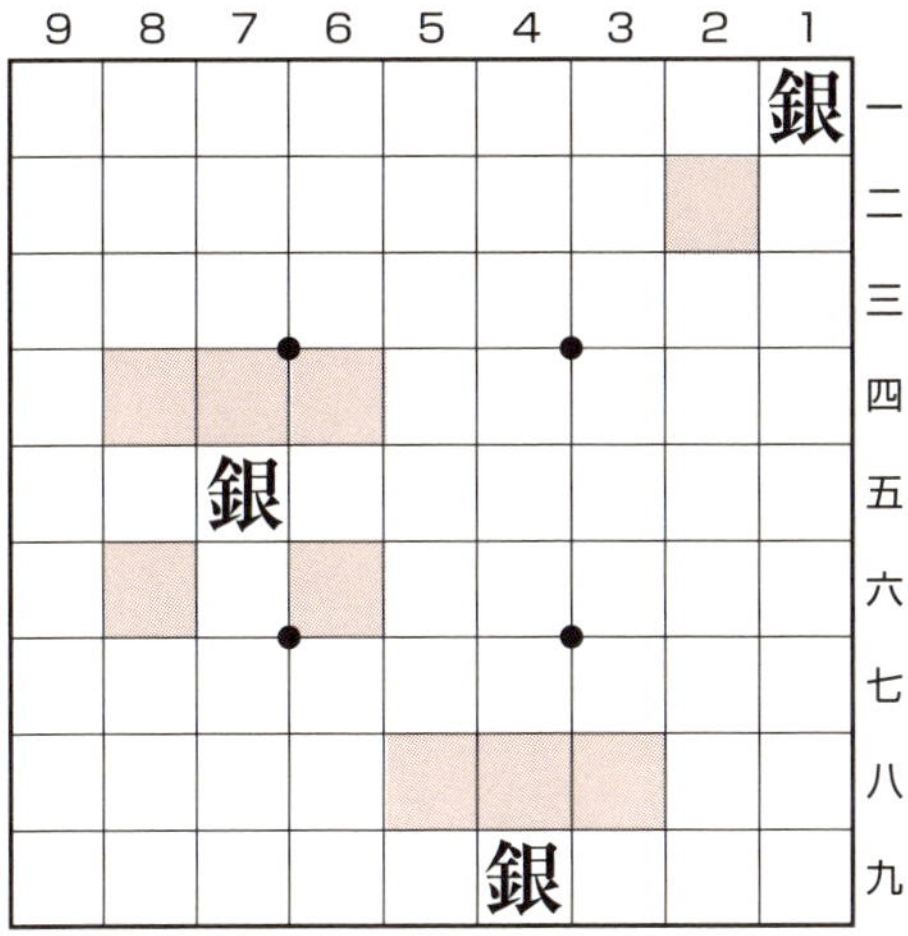

桂《けい》・香《きょう》の動《うご》かし方《かた》

桂《けい》はアルファベットの「Y」のような、少《すこ》し変《か》わった動《うご》きをします。周《まわ》りに他《ほか》の駒《こま》があっても、飛《と》び越《こ》えて動《うご》くことができます。桂《けい》は、後《うし》ろには戻《もど》れません。

香《きょう》は前《まえ》にだけいくつでも動《うご》くことができますが、駒《こま》を飛《と》び越《こ》えることはできません。一度《いちど》進《すす》んでしまうと戻《もど》れないのが弱点《じゃくてん》です。

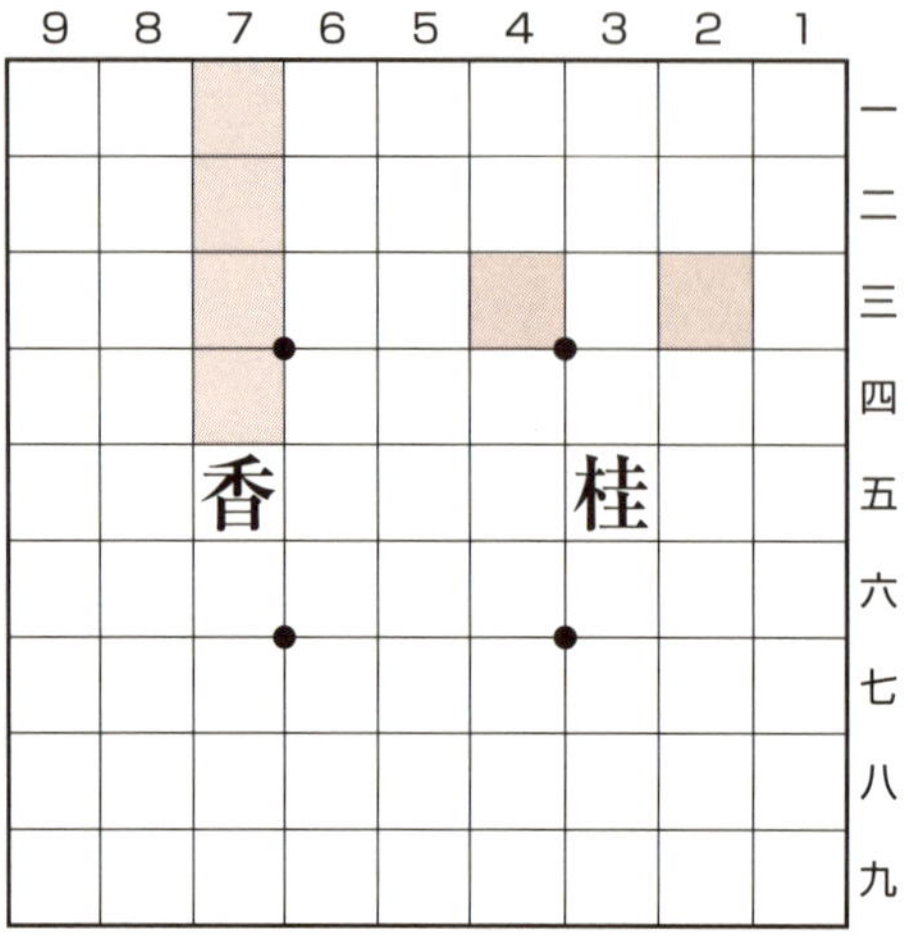
9 8 7 6 5 4 3 2 1
一 二 三 四 五 六 七 八 九
香
桂

桂《けい》と香《きょう》は、後《うし》ろに戻《もど》ることができないんですね。

歩《ふ》の動《うご》かし方《かた》　大駒《おおごま》・小駒《こごま》

一番数《いちばんかず》が多《おお》い歩《ふ》は、前《まえ》に1マスだけ動《うご》くことができます。とても弱《よわ》いようですが、歩《ふ》をうまく使《つか》えるようになることが上達《じょうたつ》の近道《ちかみち》です。

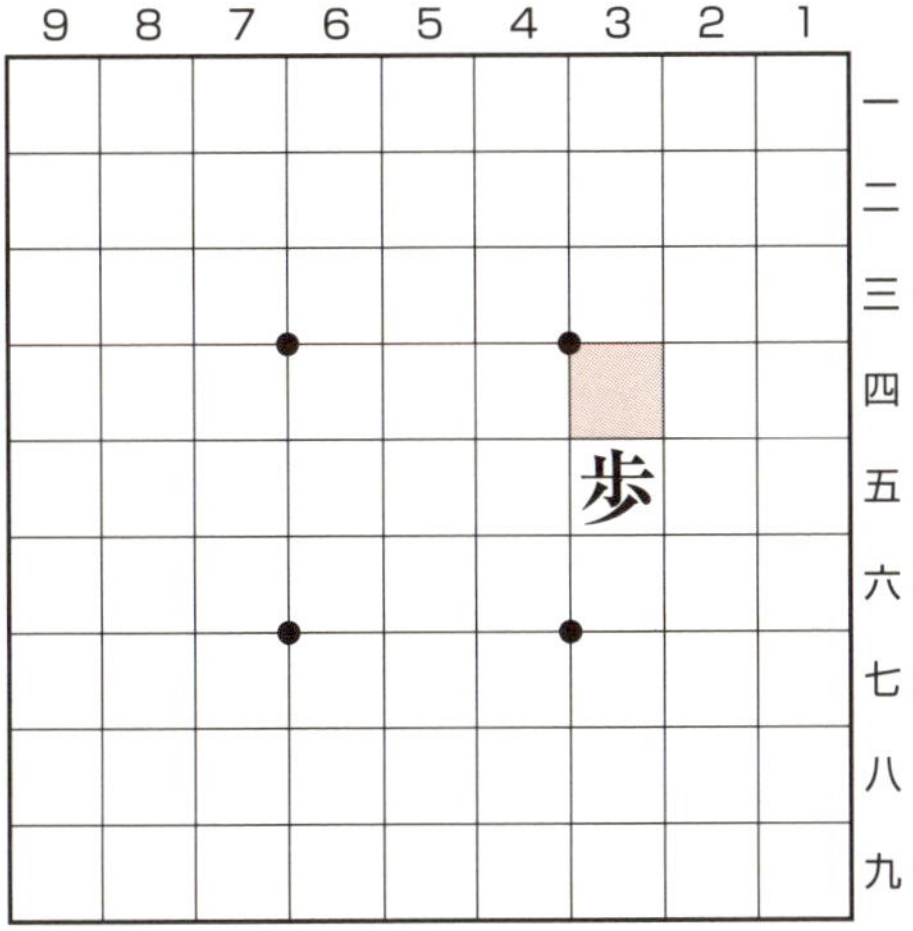

8種類《しゅるい》の駒《こま》のうち、たくさん動《うご》くことができる飛車《ひしゃ》と角《かく》は「大駒《おおごま》」、金《きん》・銀《ぎん》・桂《けい》・香《きょう》・歩《ふ》は「小駒《こごま》」と呼《よ》ばれます。金《きん》と銀《ぎん》は「金駒《かなごま》」と呼《よ》ばれることもあります。

成《な》った小駒《こごま》の動《うご》かし方《かた》

銀《ぎん》・桂《けい》・香《きょう》・歩《ふ》

銀《ぎん》・桂《けい》・香《きょう》・歩《ふ》は成《な》るとそれぞれ成銀《なりぎん》・成桂《なりけい》・成香《なりきょう》・と金《ときん》になり、四つとも金《きん》と同《おな》じ動《うご》きができるようになります。

前《まえ》に一《ひと》つしか進《すす》めなかった歩《ふ》が、成《な》ったとたんに金《きん》に出世《しゅっせ》できるので、歩《ふ》が成《な》ることはとても大《おお》きな得《とく》と言《い》えます。

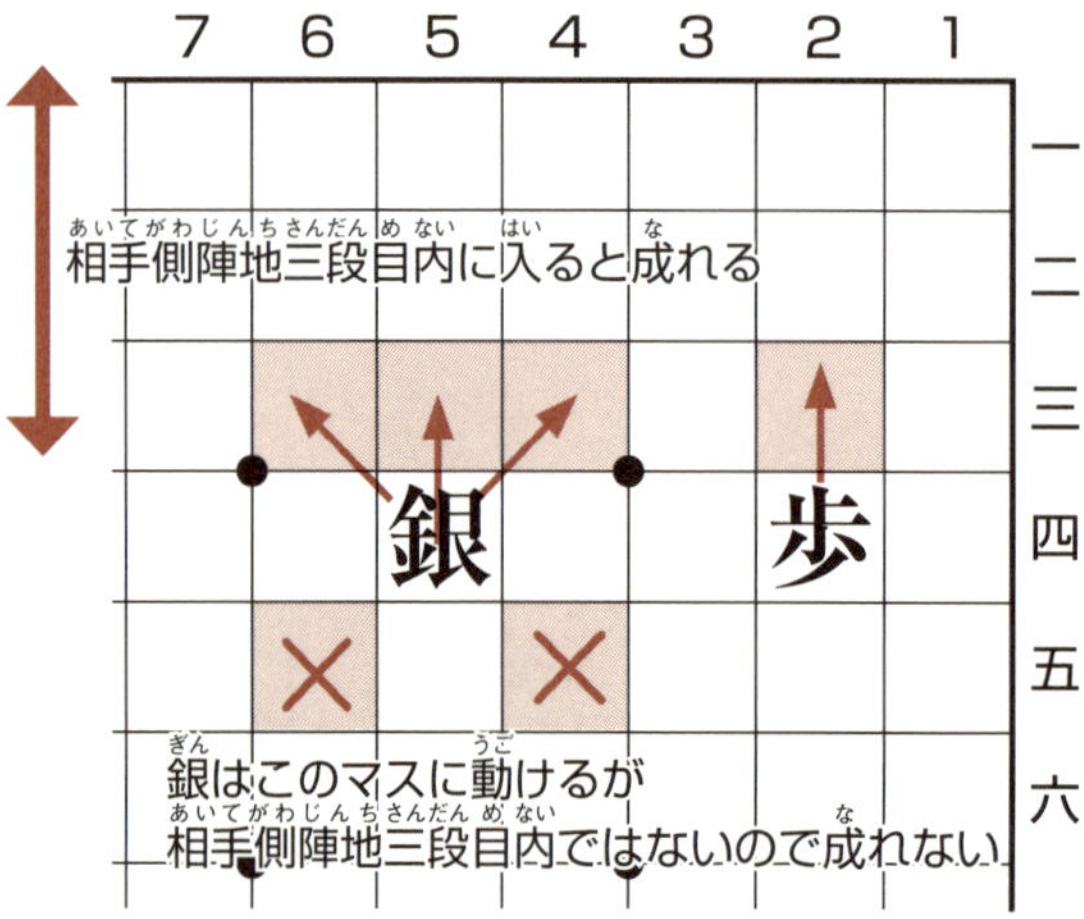
7 6 5 4 3 2 1
一 二 三 四 五 六
相手側陣地三段目内《あいてがわじんちさんだんめない》に入《はい》ると成《な》れる
銀
歩
銀《ぎん》はこのマスに動《うご》けるが
相手側陣地三段目内《あいてがわじんちさんだんめない》ではないので成《な》れない

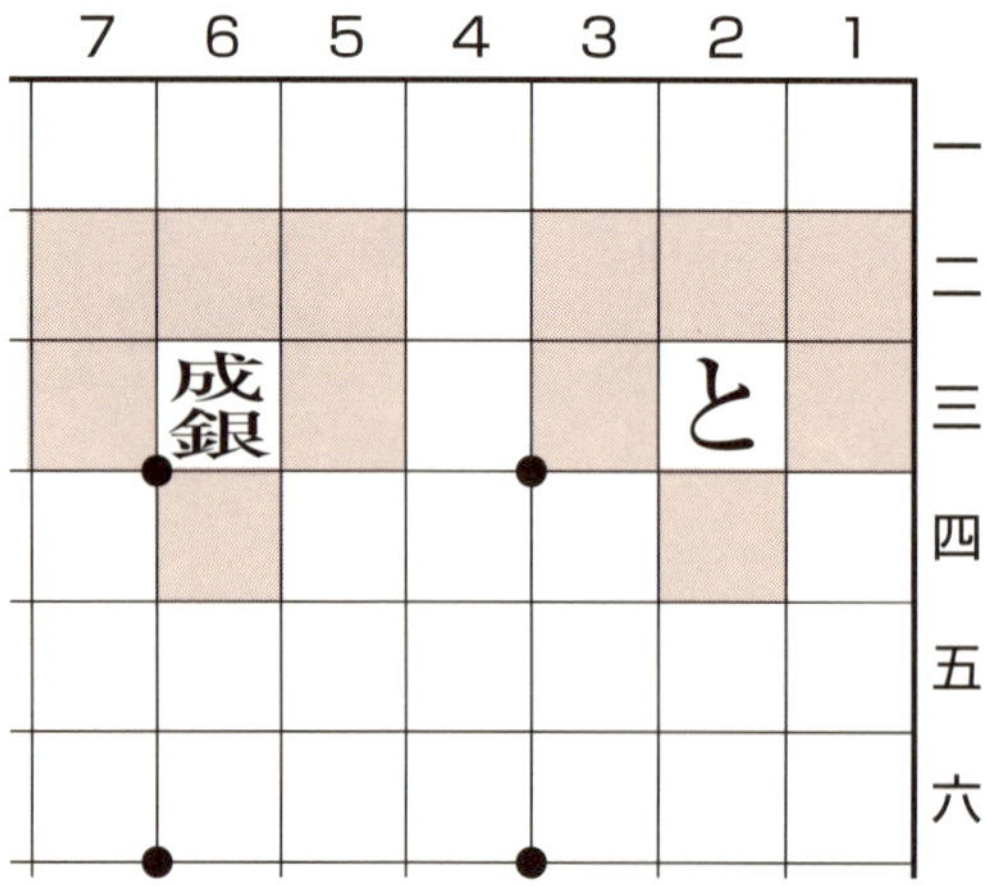
7 6 5 4 3 2 1
一 二 三 四 五 六
成銀
と

成《な》った小駒《こごま》の動《うご》かし方《かた》

このように基本的《きほんてき》には成《な》ると動《うご》ける場《ば》所《しょ》が増《ふ》えてパワーアップしますが、成《な》る前《まえ》の駒《こま》の動《うご》き（銀《ぎん》の斜《なな》め下《した》や桂《けい》・香《きょう》の動《うご》き）はなくなってしまいます。

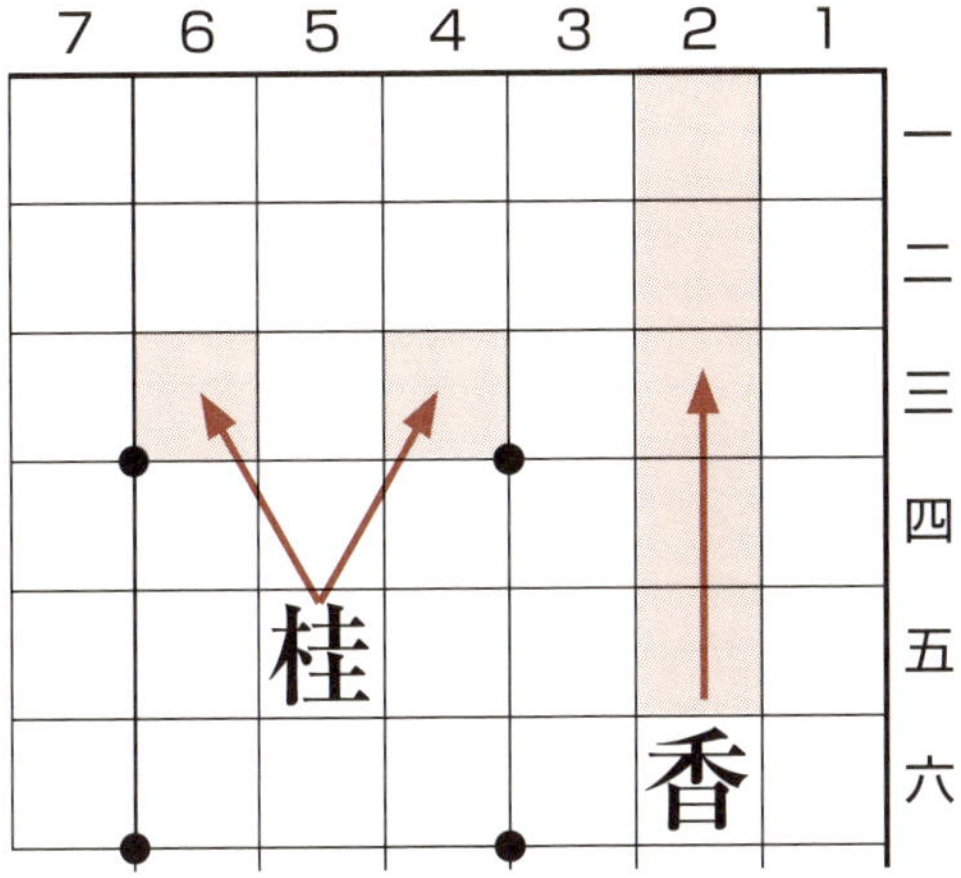

また、一度《いちど》成《な》ると元《もと》の駒《こま》に戻《もど》ることができません。成《な》るか成《な》らないかは選《えら》ぶことができるので、よく考《かんが》えてから決《き》めるようにしましょう。

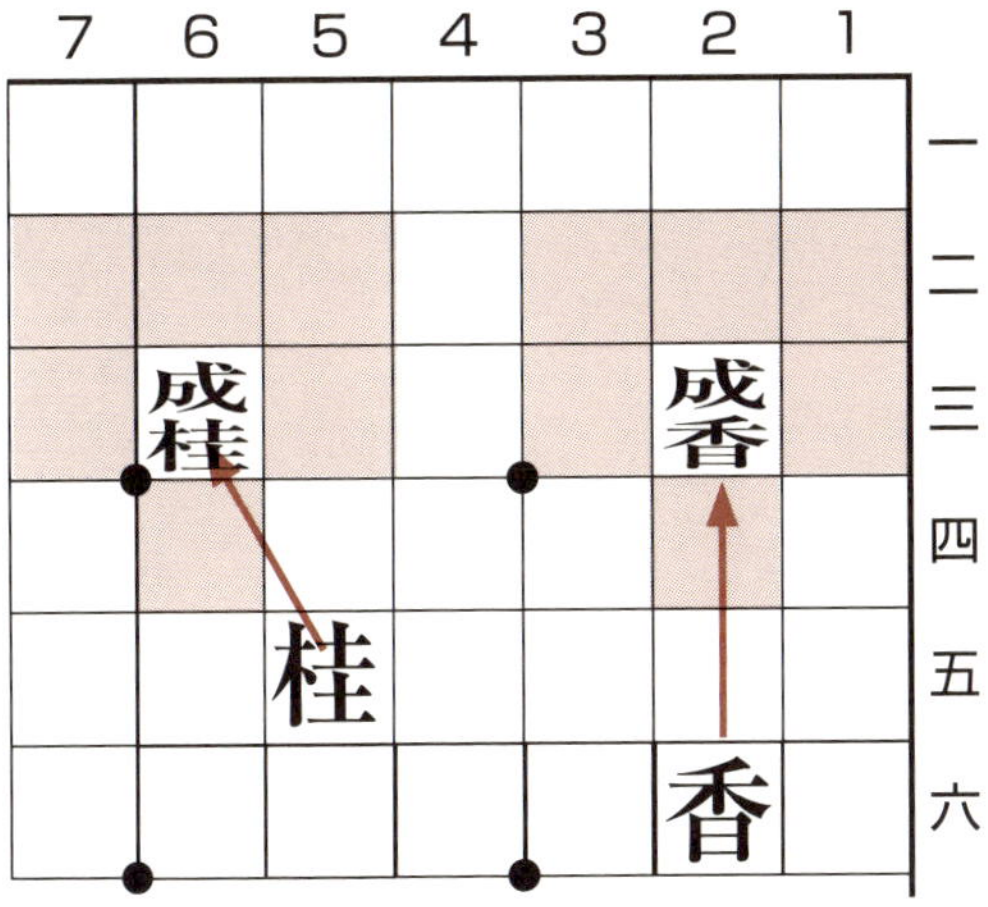

駒《こま》の動《うご》かし方《かた》　おさらい問題《もんだい》

駒《こま》の動《うご》かし方《かた》【問題《もんだい》1】

図《ず》の金《きん》と銀《ぎん》が動《うご》ける場所《ばしょ》をそれぞれ示《しめ》しましょう。

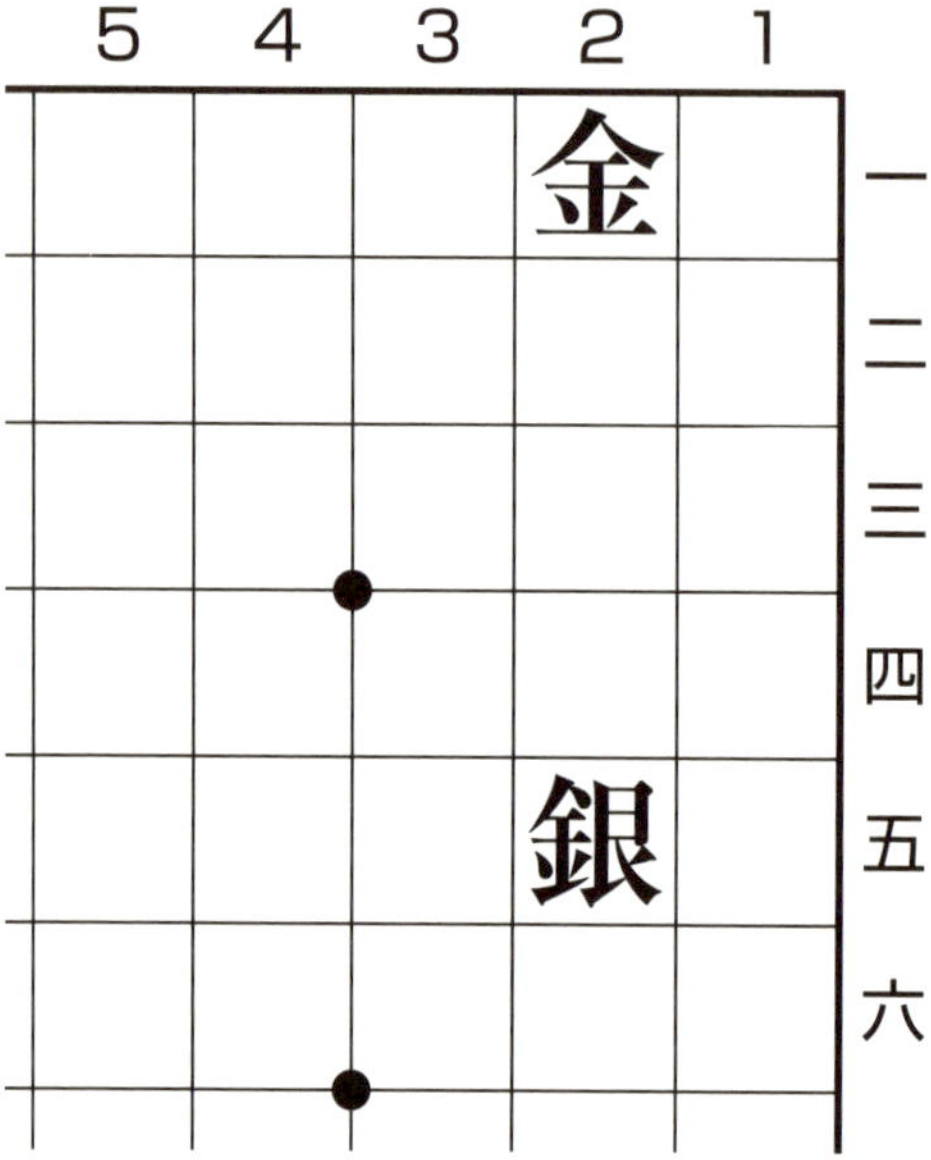

駒《こま》の動《うご》かし方《かた》【問題《もんだい》2】

矢印《やじるし》の先《さき》のマスに動《うご》かす場合《ばあい》、図《ず》の飛《ひ》・角《かく》はそれぞれ成《な》れますか。

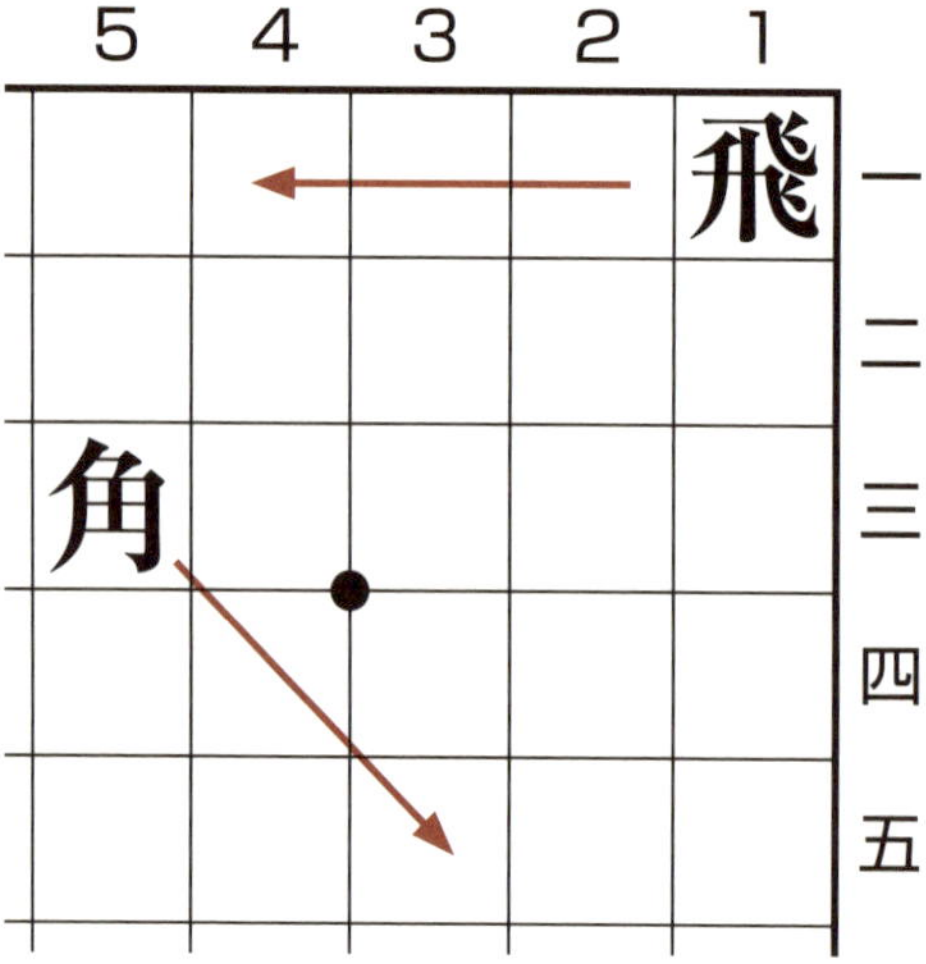

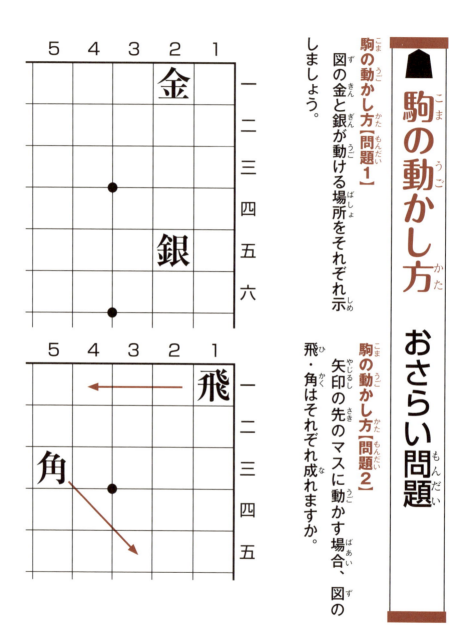

駒《こま》の動《うご》かし方《かた》　おさらい問題《もんだい》

駒《こま》の動《うご》かし方《かた》【問題《もんだい》3】

図《ず》の桂《けい》と香《きょう》が動《うご》ける場所《ばしょ》をそれぞれ示《しめ》しましょう。

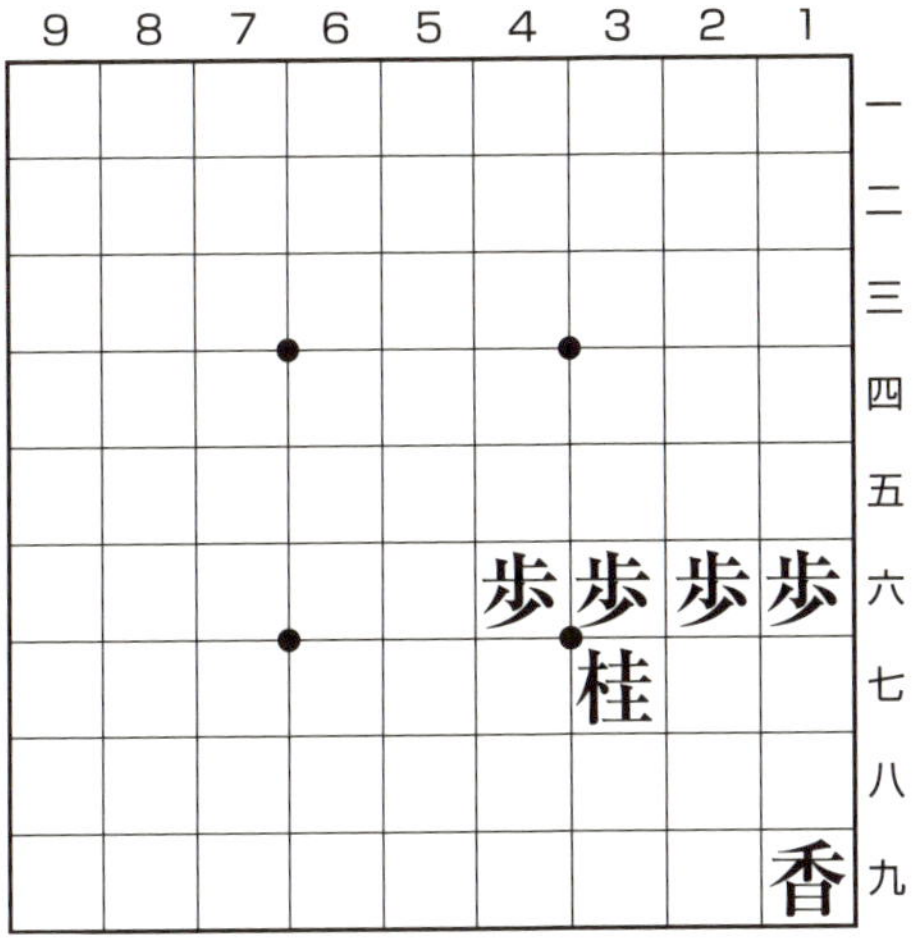

駒《こま》の動《うご》かし方《かた》【問題《もんだい》4】

図《ず》の竜《りゅう》と成桂《なりけい》が動《うご》ける場所《ばしょ》をそれぞれ示《しめ》しましょう。

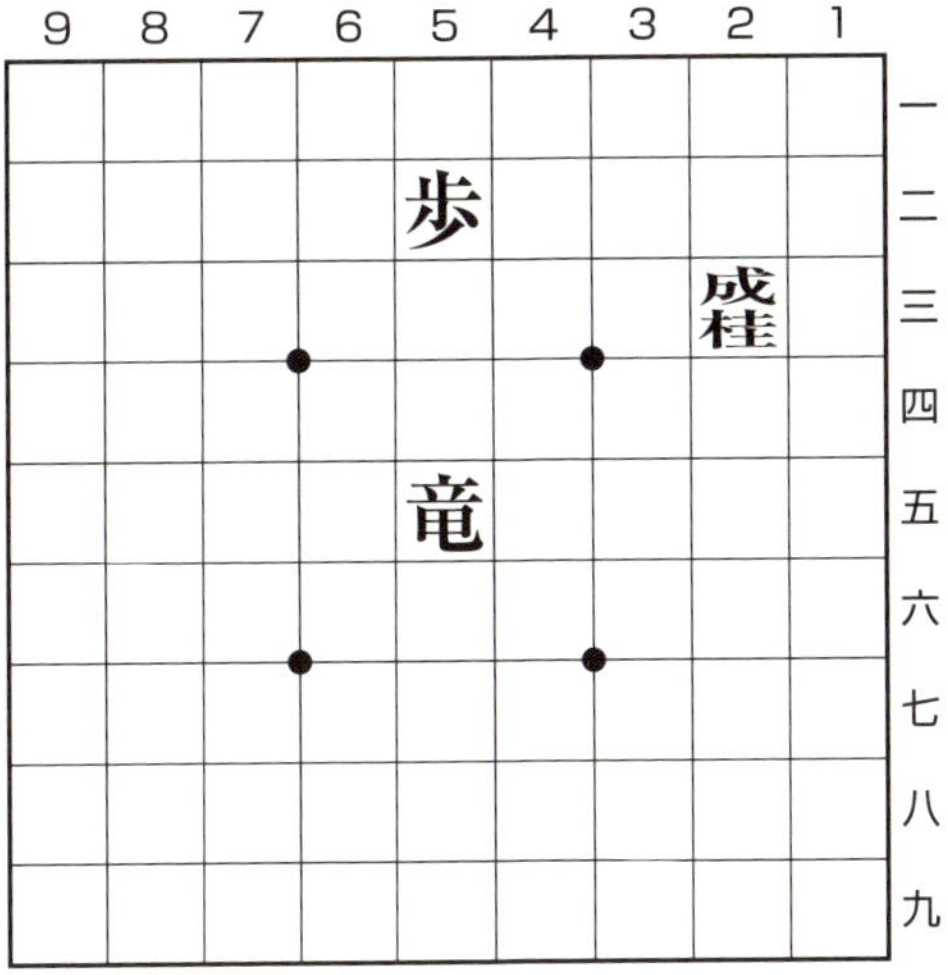

駒《こま》の動《うご》かし方《かた》　おさらい問題《もんだい》　答《こた》え

駒《こま》の動《うご》かし方《かた》【問題《もんだい》1の答《こた》え】

左《ひだり》の図《ず》の通《とお》り。盤《ばん》から出《で》てしまうところには動《うご》けません。金《きん》と銀《ぎん》の動《うご》きは似《に》ているようで違《ちが》うので気《き》を付《つ》けましょう。

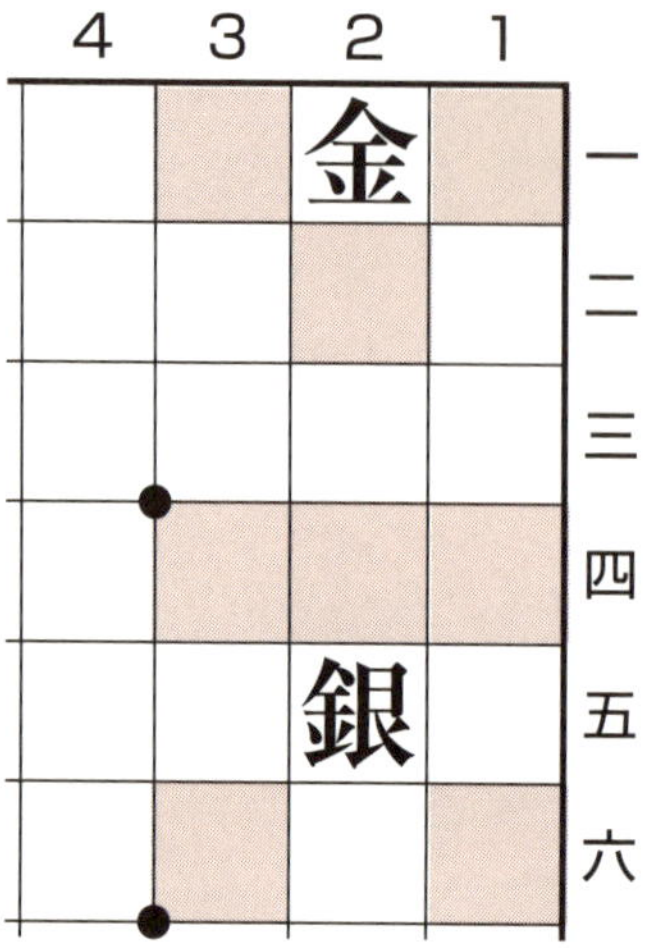

駒《こま》の動《うご》かし方《かた》【問題《もんだい》2の答《こた》え】

飛《ひ》・角《かく》どちらも成《な》ることができます。駒《こま》が成《な》れるのは、相手側三段《あいてがわさんだん》の外《そと》から中《なか》に入《はい》るとき、相手《あいて》の陣地《じんち》の中《なか》で移動《いどう》するとき、中《なか》から外《そと》に出《で》るときのいずれかでできます。

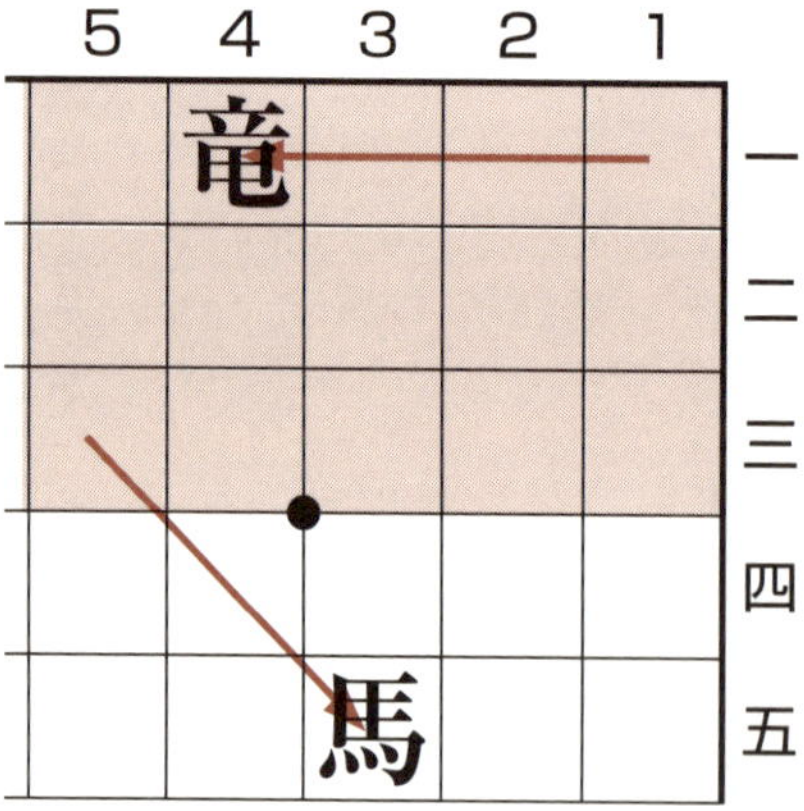

駒《こま》の動《うご》かし方《かた》　おさらい問題《もんだい》　答《こた》え

駒《こま》の動《うご》かし方《かた》【問題《もんだい》3の答《こた》え】

左図《ひだりず》の通《とお》り、桂《けい》は前《まえ》に敵《てき》や味方《みかた》の駒《こま》がいても飛《と》び越《こ》えて進《すす》むことができますが、飛《ひ》・竜《りゅう》・角《かく》・馬《うま》・香《きょう》は飛《と》び越《こ》えられません。

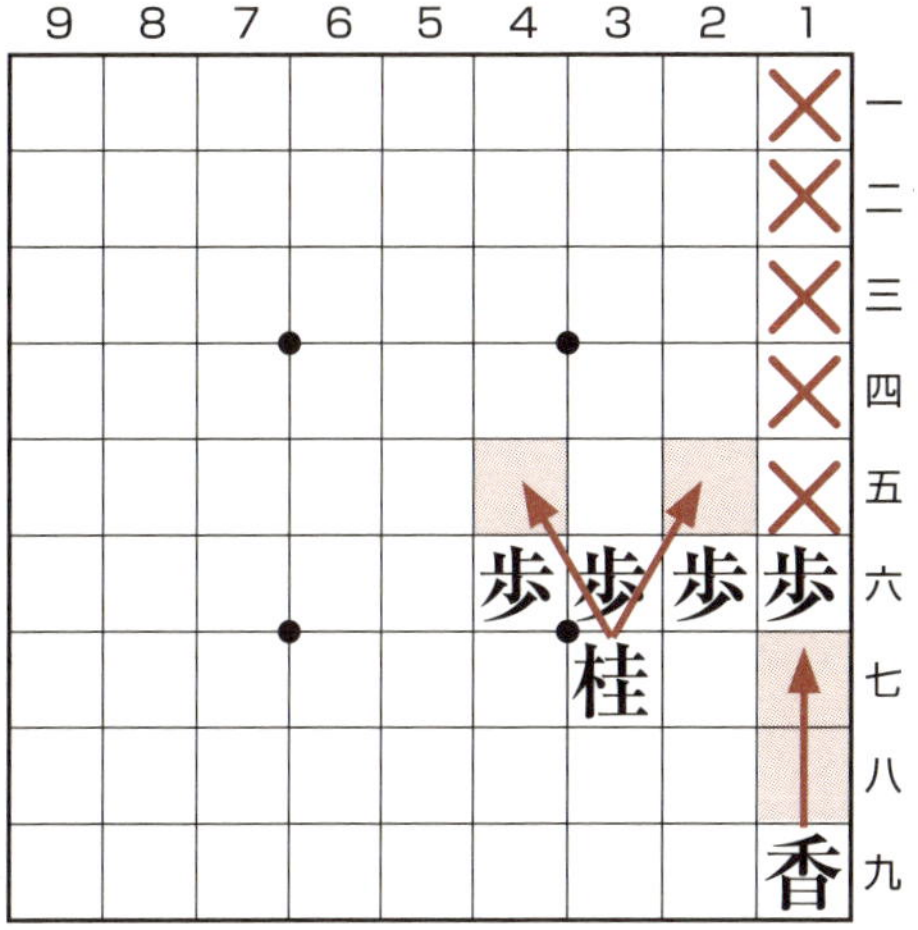

香《きょう》は飛《と》び越《こ》えられません×

駒《こま》の動《うご》かし方《かた》【問題《もんだい》4の答《こた》え】

桂《けい》は成《な》ると金《きん》と同《おな》じ動《うご》かし方《かた》になります。竜《りゅう》は他《た》の駒《こま》があると飛《と》び越《こ》えることはできません（P19）。

間違《まちが》えた問題《もんだい》があったら、もう一度動《いちどうご》かし方《かた》のページを確認《かくにん》しておきましょう。

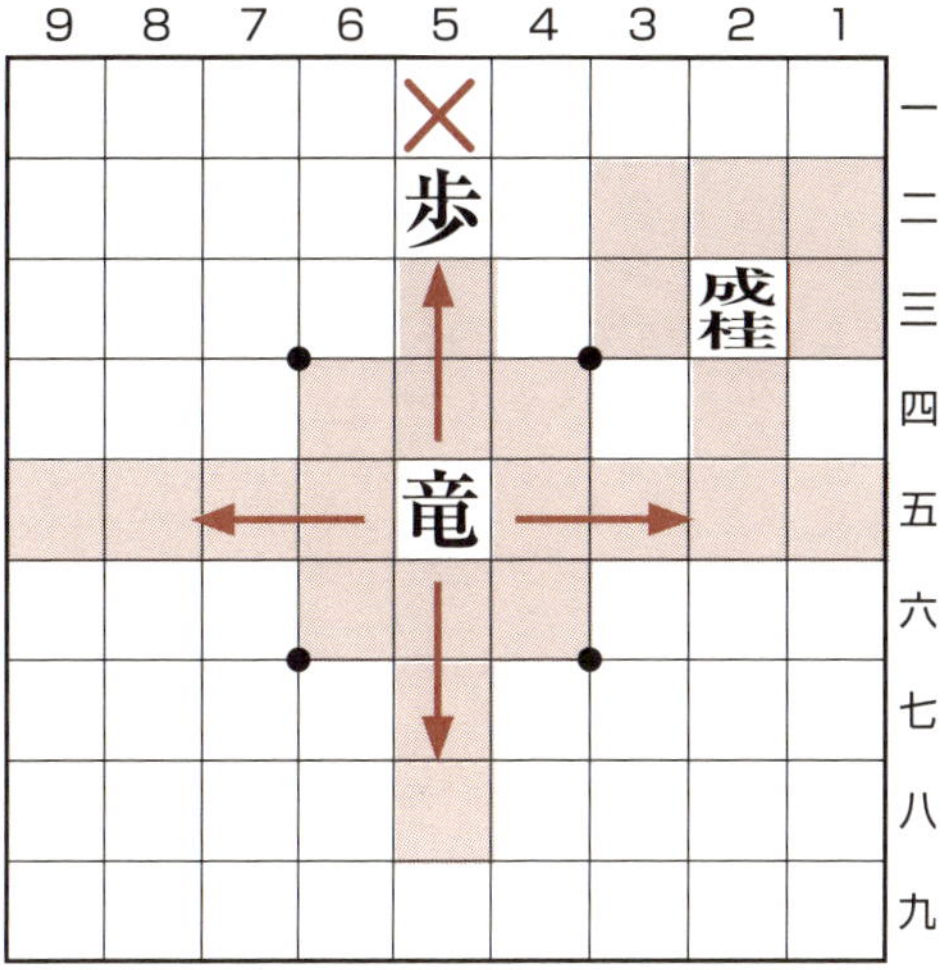

こらむ

「世界《せかい》の将棋《しょうぎ》」

将棋《しょうぎ》は、古代《こだい》インドの四人制《よにんせい》ボードゲーム、「チャトランガ」が日本《にほん》に伝《つた》わって独自《どくじ》の姿《すがた》に変《か》わってできたと考《かんが》えられています。チャトランガが西洋《せいよう》に伝《つた》わって生《う》まれたのが「チェス」で、その後《ご》世界中《せかいじゅう》に広《ひろ》まりました。

他《ほか》にも中国《ちゅうごく》では盤《ばん》の真《ま》ん中《なか》に大《おお》きな川《かわ》がある「シャンチー（中国象棋）」、韓国《かんこく》では「チャンギ（将棋）」など、チャトランガが伝《つた》わった後《のち》に、国《くに》によって違《ちが》った進化《しんか》をした結果《けっか》、世界《せかい》には将棋《しょうぎ》の仲間《なかま》のボードゲームがたくさんあるのです。

チャトランガ　画像：日本将棋連盟

チェス

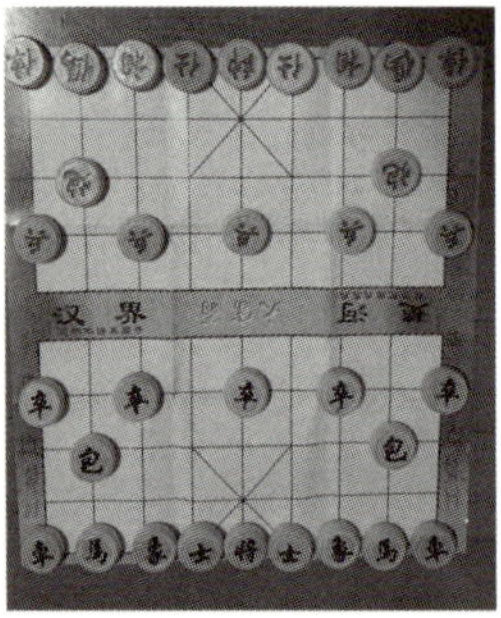
シャンチー（中国象棋）

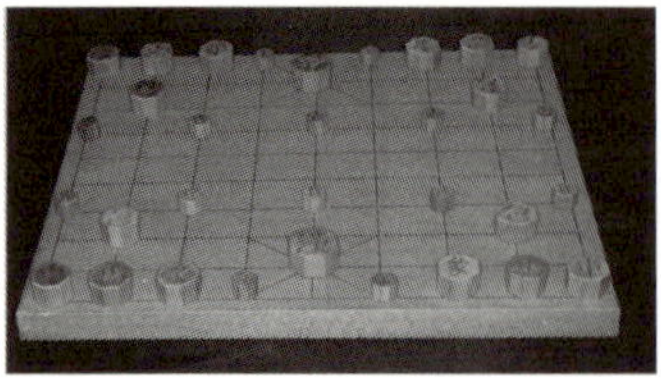
チャンギ（将棋）　画像：日本将棋連盟

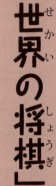

将棋《しょうぎ》のルール

駒《こま》の並《なら》べ方《かた》

将棋《しょうぎ》を指《さ》すときは最初《さいしょ》に盤《ばん》に駒《こま》を左《ひだり》の図《ず》のように並《なら》べます。角《かく》が左側《ひだりがわ》、飛《ひ》が右側《みぎがわ》になるように並《なら》べましょう。

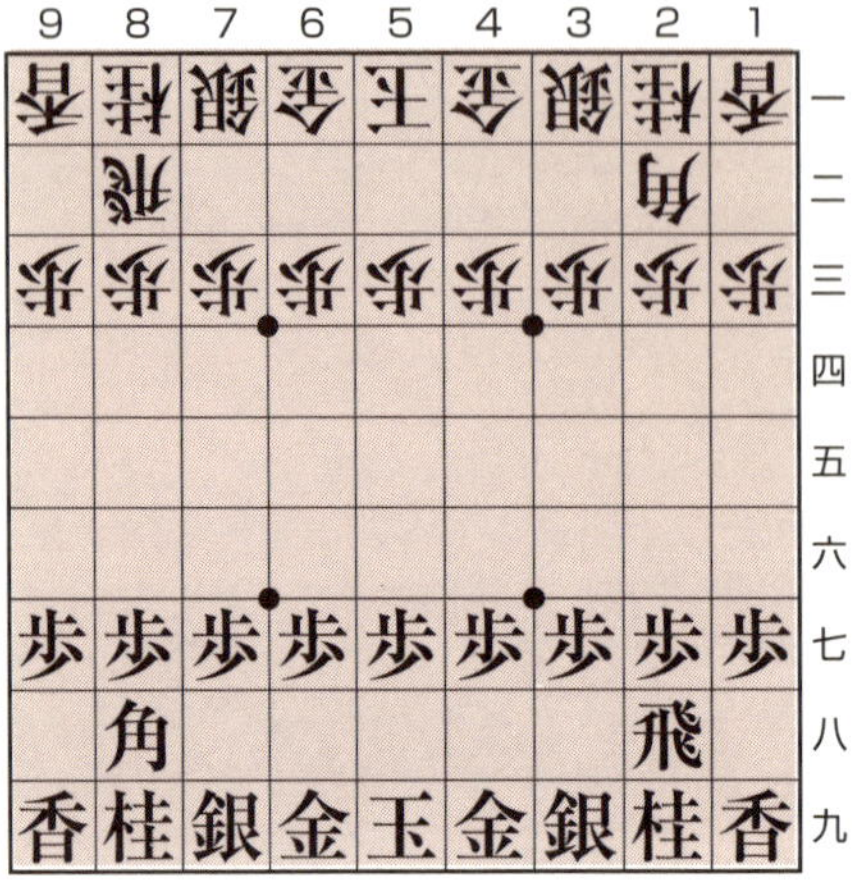

下《した》の三段《さんだん》が自分《じぶん》の陣地《じんち》（自陣《じじん》）、上《うえ》の三段《さんだん》が相手《あいて》の陣地《じんち》（敵陣《てきじん》）です。真《ま》ん中《なか》の三段《さんだん》は自陣《じじん》でも敵陣《てきじん》でもありません。

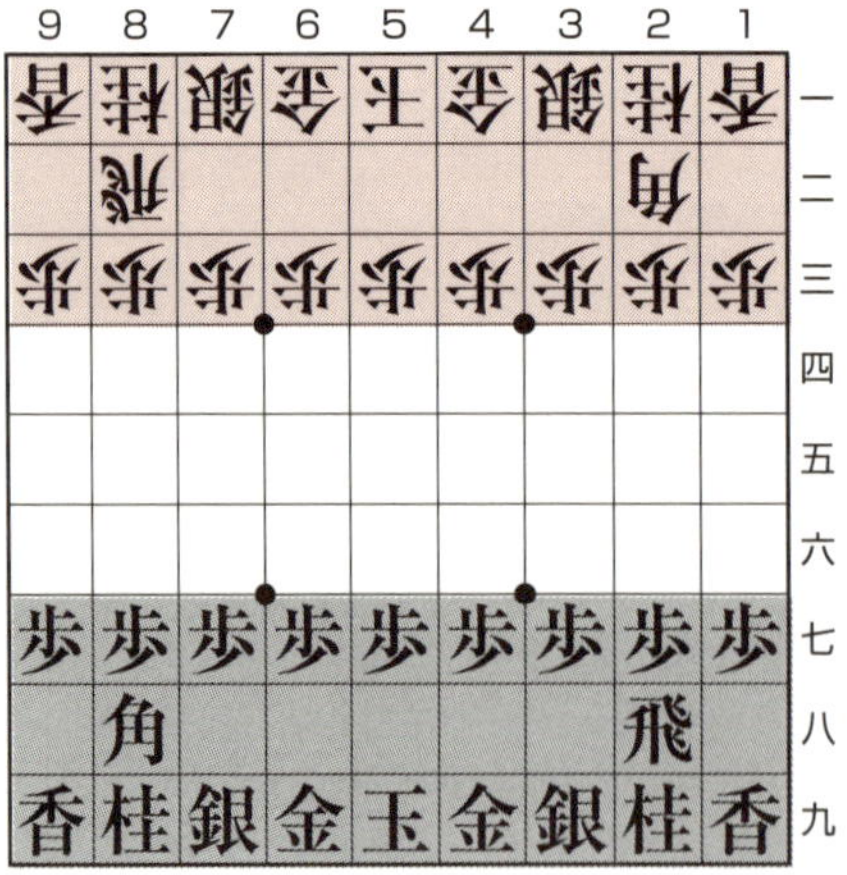

上三段《うえさんだん》は敵陣《てきじん》

下三段《したさんだん》は自陣《じじん》

先手《せんて》・後手《ごて》　振《ふ》り駒《ごま》

駒《こま》を盤《ばん》に並《なら》べ終《お》わったらさっそく対局《たいきょく》が始《はじ》まります。先《さき》に指《さ》す方《ほう》を先手《せんて》、後《あと》から指《さ》す方《ほう》を後手《ごて》と言《い》います。

先手《せんて》・後手《ごて》は振《ふ》り駒《ごま》で決《き》めます。どちらか一人《ひとり》が「歩《ふ》」を5枚《まい》、両手《りょうて》で包《つつ》み、盤《ばん》の上《うえ》に振《ふ》ります(落《お》とします)。

「歩《ふ》」が3枚以上《まいいじょう》出《で》たら振《ふ》った人《ひと》の先手《せんて》、「と」が3枚以上《まいいじょう》出《で》たら振《ふ》った人《ひと》の後手《ごて》になります。振《ふ》り駒《ごま》は、ふつうは年上《としうえ》の人《ひと》、もしくは将棋《しょうぎ》の強《つよ》い方《ほう》が行《おこ》ないます。

駒《こま》は1《ひと》マスに一《ひと》つ

自分《じぶん》の駒《こま》がある場所《ばしょ》には別《べつ》の自分《じぶん》の駒《こま》を動《うご》かすことはできません。左《ひだり》の図《ず》では金《きん》は下《した》にしか動《うご》けません。

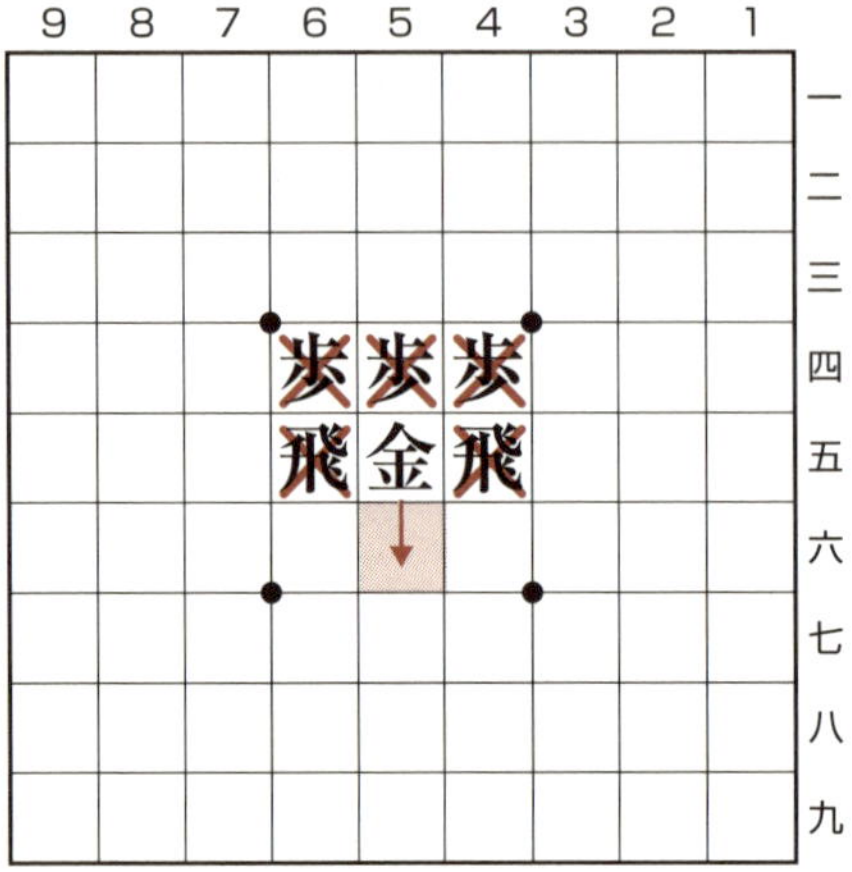

左《ひだり》の図《ず》では歩《ふ》の前《まえ》に金《きん》がいるため、歩《ふ》は動《うご》くことができません。歩《ふ》を動《うご》かすには先《さき》に金《きん》を動《うご》かさなければいけません。

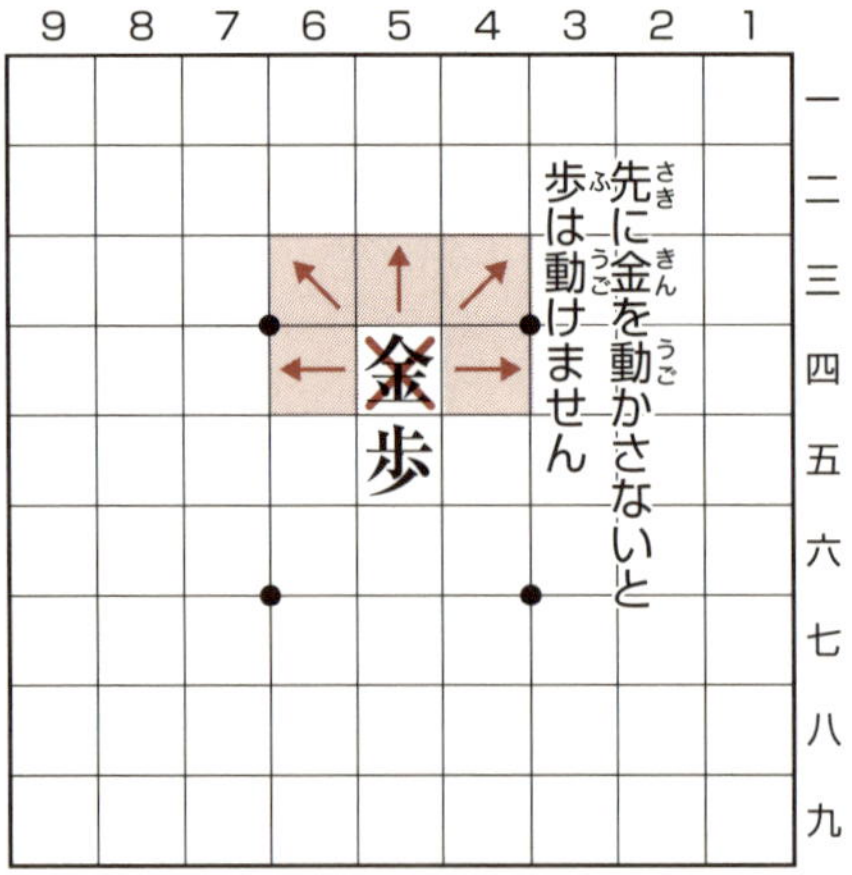

将棋《しょうぎ》は二人《ふたり》が一手《いって》ずつ指《さ》すもの

将棋《しょうぎ》は二人《ふたり》の対局者《たいきょくしゃ》が一手《いって》ずつ順番《じゅんばん》に駒《こま》を動《うご》かしていきます。一人《ひとり》が連続《れんぞく》で指《さ》したりパスをすることはできません。

振《ふ》り駒《ごま》で先手《せんて》になった人《ひと》から指《さ》し始《はじ》めます。例《たと》えば先手《せんて》が飛《ひ》の前《まえ》の歩《ふ》を前《まえ》に動《うご》かしたら❶、次《つぎ》は後手《ごて》の番《ばん》になります❷。

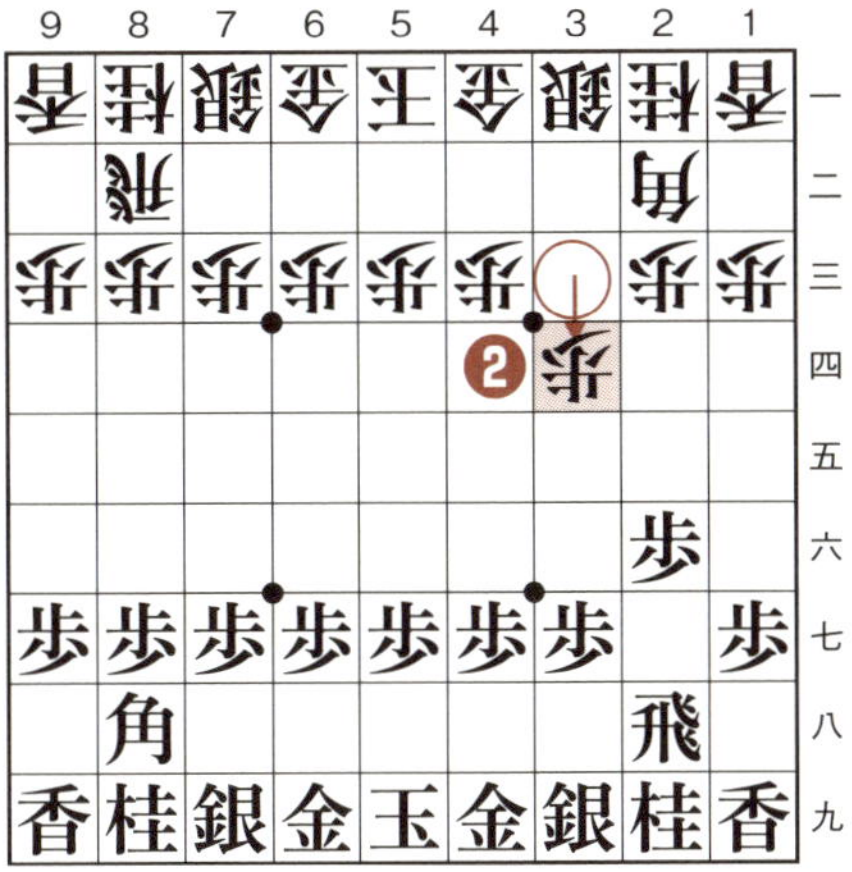

駒《こま》を取《と》る

駒《こま》が進《すす》んだ先《さき》に相手《あいて》の駒《こま》があるとき、その駒《こま》を取《と》ることができます。取《と》った駒《こま》は持《も》ち駒《ごま》と言《い》い、相手《あいて》に見《み》やすいように置《お》きます。取《と》った駒《こま》を置《お》く台《だい》は、駒台《こまだい》と言《い》います。

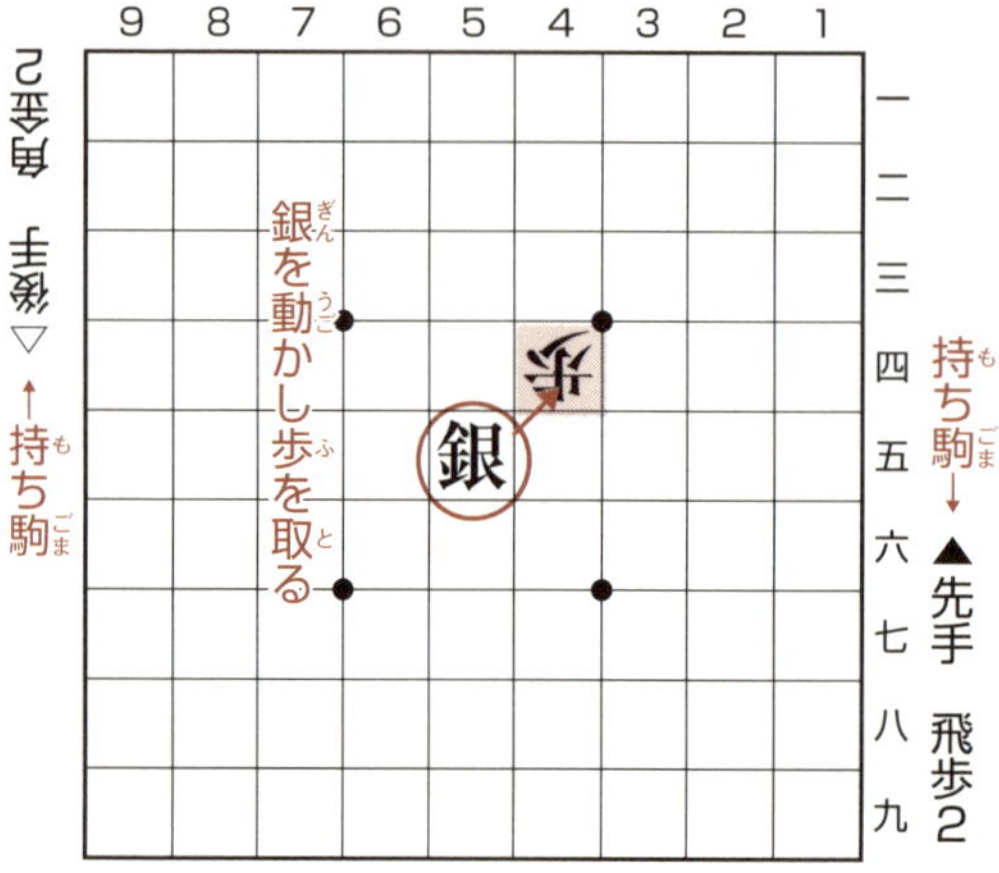
9 8 7 6 5 4 3 2 1
一 二 三 四 五 六 七 八 九
銀《ぎん》を動《うご》かし歩《ふ》を取《と》る
銀
歩
持《も》ち駒《ごま》→ ▲先手 飛歩2
▽後手 持駒なし
←持《も》ち駒《ごま》

駒《こま》が進《すす》んだ先《さき》に味方《みかた》の駒《こま》があるとき、その駒《こま》を取《と》ることはできませんし、そのマスに移動《いどう》させることもできません。

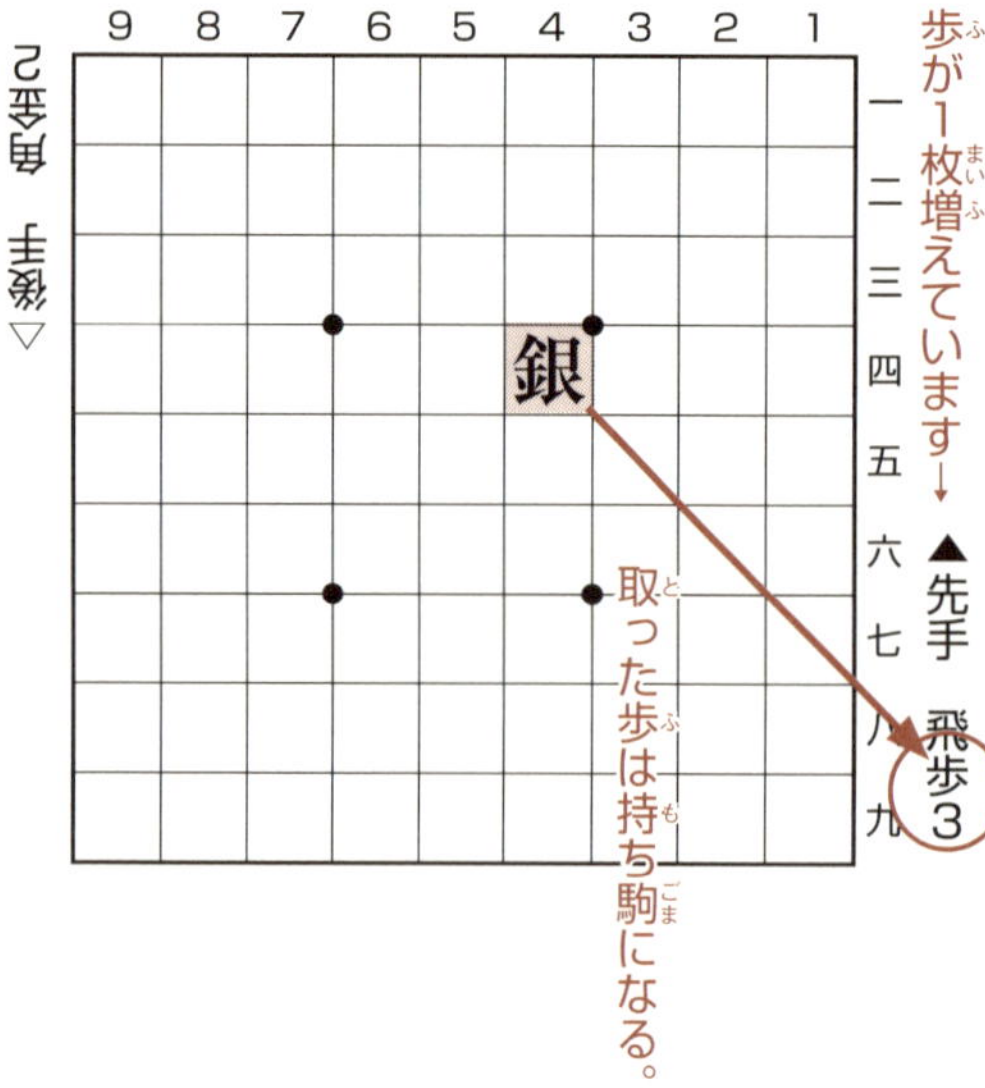
9 8 7 6 5 4 3 2 1
一 二 三 四 五 六 七 八 九
歩《ふ》が1枚《まい》増《ふ》えています→ ▲先手 飛歩3
銀
取《と》った歩《ふ》は持《も》ち駒《ごま》になる。
▽後手 持駒なし

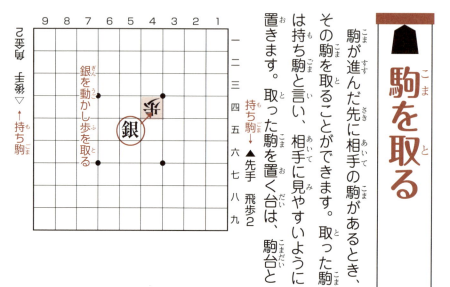

駒《こま》を飛《と》び越《こ》えてはいけない

飛《ひ》、角《かく》、香《きょう》の動《うご》く方向《ほうこう》に相手《あいて》や自分《じぶん》の駒《こま》があるとき、その駒《こま》を飛《と》び越《こ》えて進《すす》むことはできません。

その前《まえ》のどこかで止《と》まるか、相手《あいて》の駒《こま》を取《と》らなくてはなりません。ただし桂《けい》だけは駒《こま》を飛《と》び越《こ》えることができます。

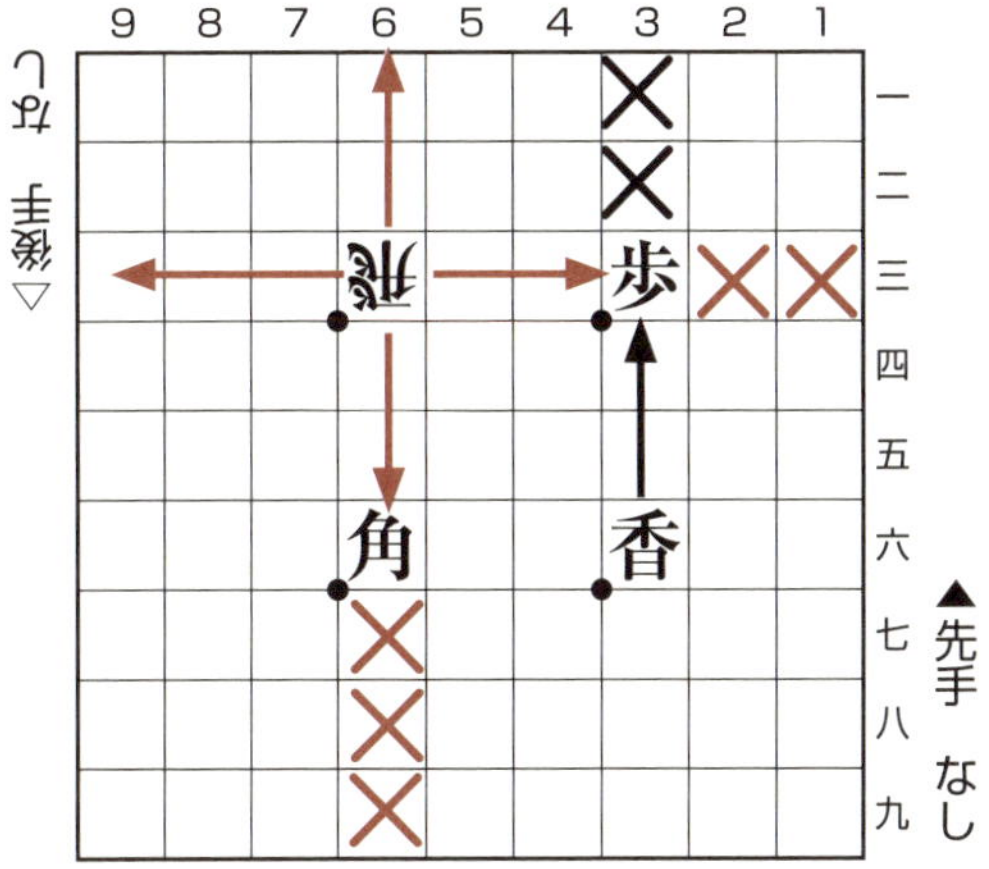

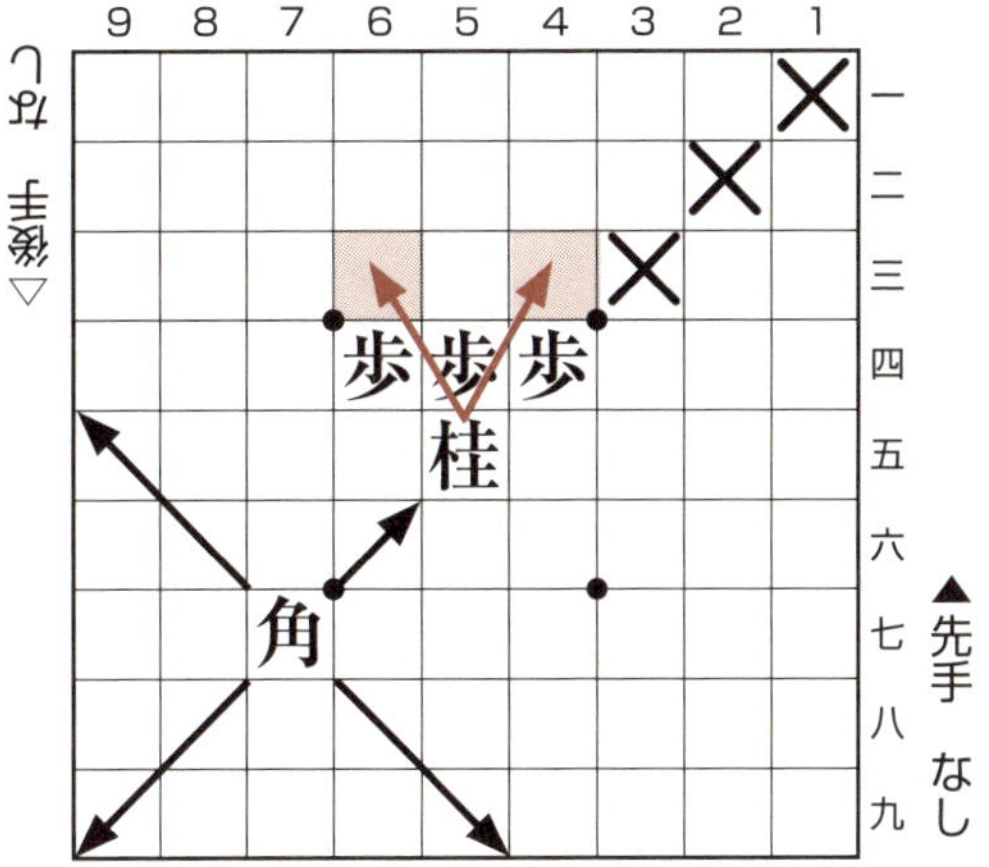

取《と》った駒《こま》は打《う》てる

自分《じぶん》の手番《てばん》では、駒《こま》を動《うご》かす代《か》わりに、空《あ》いているマスに取《と》った駒《こま》を置《お》くことができます。これを持《も》ち駒《ごま》を「打《う》つ」と言《い》います。

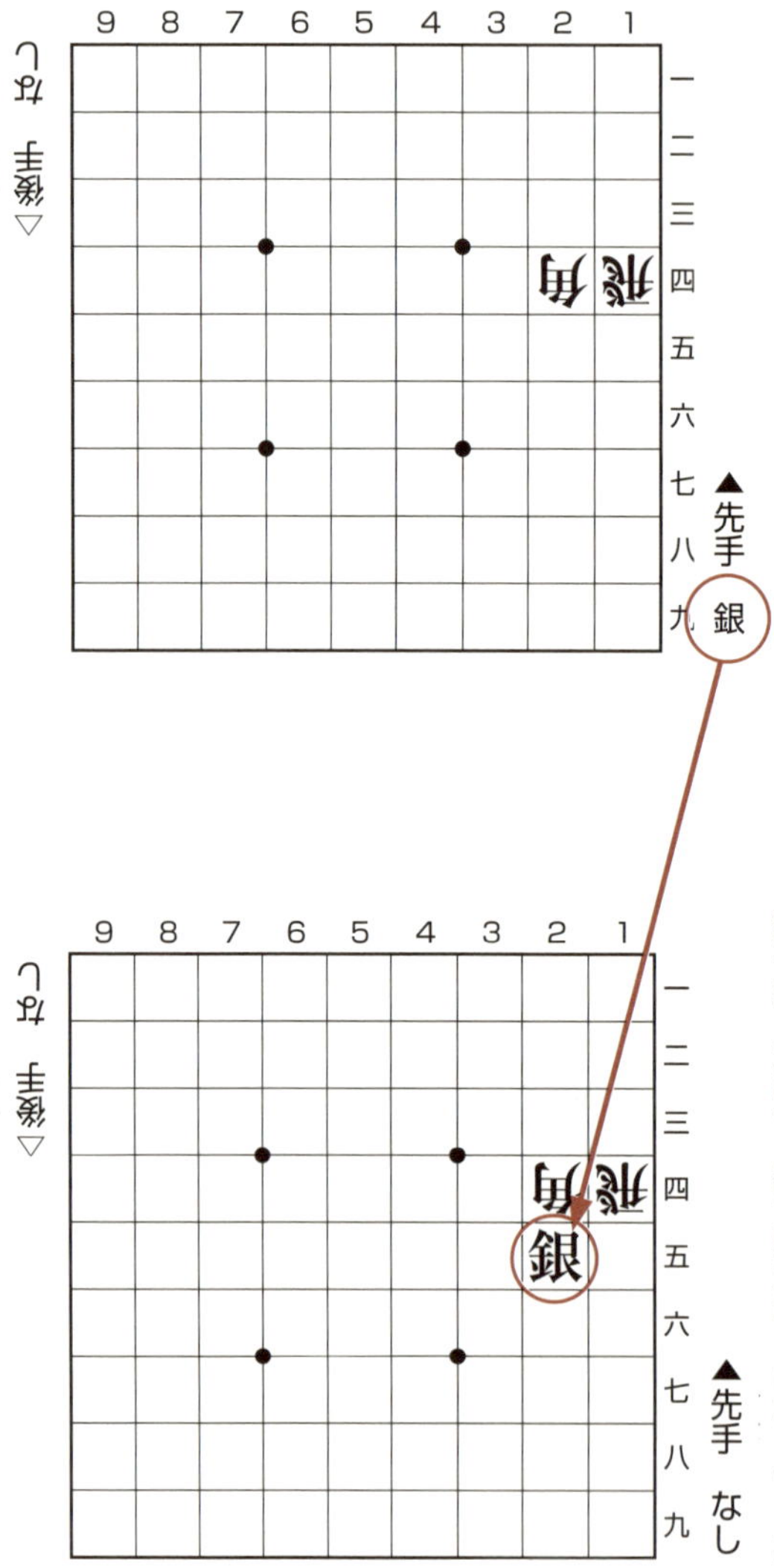
9 8 7 6 5 4 3 2 1
一 二 三 四 五 六 七 八 九
△後手 なし
飛 角
▲先手 銀
9 8 7 6 5 4 3 2 1
一 二 三 四 五 六 七 八 九
△後手 なし
飛 角 銀
▲先手 なし

銀《ぎん》を打《う》ったので、持《も》ち駒《ごま》がなしになりました。

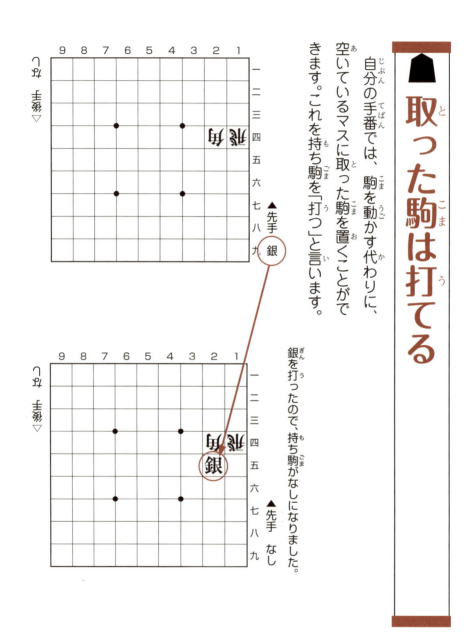

王手《おうて》

次《つぎ》に相手《あいて》の王《おう》（玉《ぎょく》）を取《と》ることができるような手《て》のことを「王手《おうて》」と言《い》います。将棋《しょうぎ》は相手の王《おう》を取《と》れば勝《か》ちのゲームです。王《おう》が次《つぎ》にどうやっても取《と》られてしまう状態《じょうたい》を詰《つ》みと言《い》い、そこで対局《たいきょく》は終了《しゅうりょう》になります。王手《おうて》をかけられた方《ほう》は、次《つぎ》に王《おう》が取《と》られないように対応《たいおう》しなければいけません。上《うえ》の図《ず》は金《きん》で、下《した》の図《ず》は飛《ひ》で王手《おうて》をかけた局面《きょくめん》です。

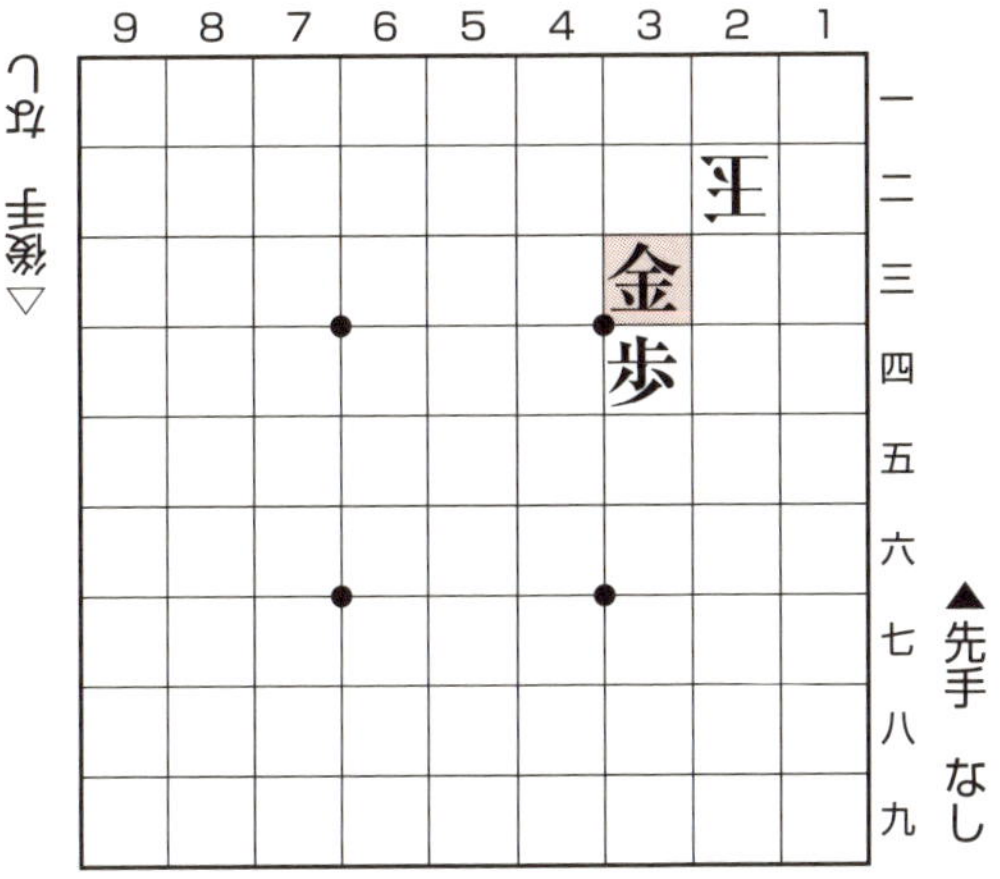

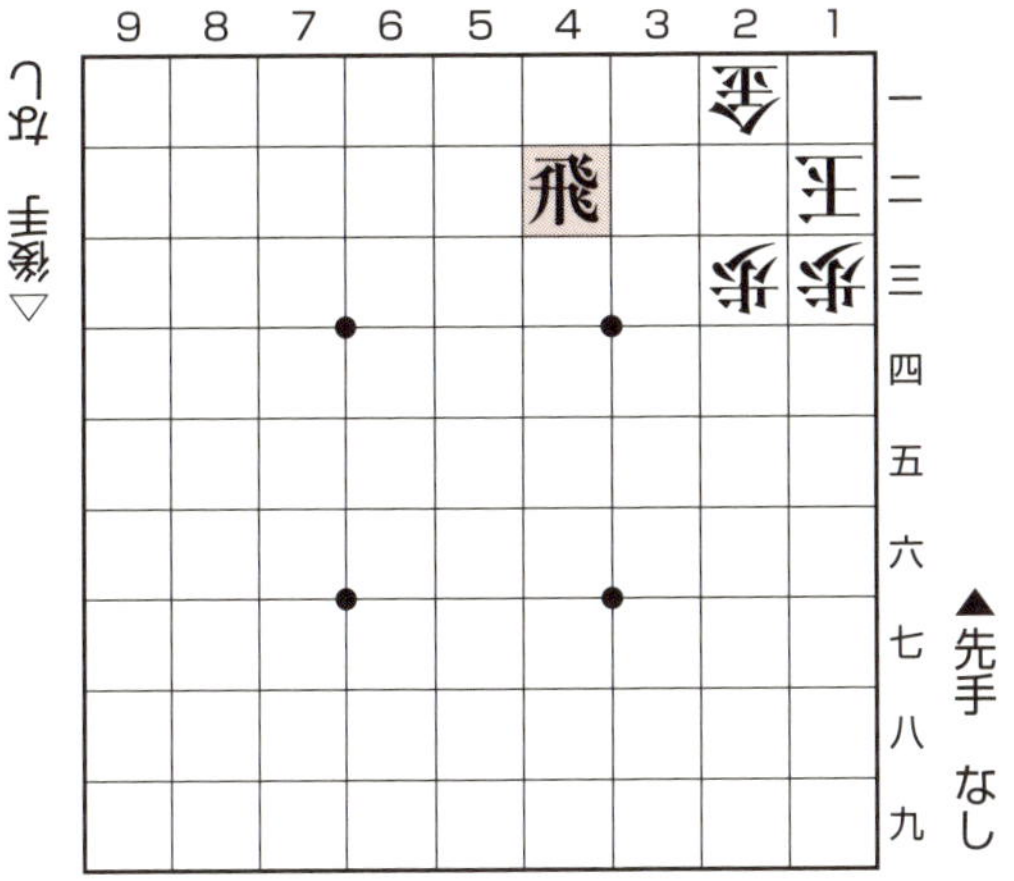

王手《おうて》の防《ふせ》ぎ方《かた》

王手《おうて》の防《ふせ》ぎ方《かた》は三《みっ》つのパターンがあります。一《ひと》つ目《め》は王手《おうて》をかけている駒《こま》を取《と》ることです。二《ふた》つ目《め》は王《おう》を逃《に》がすことです（図《ず》1）。

三《みっ》つ目《め》は王手《おうて》をかけている駒《こま》と王《おう》の間《あいだ》に駒《こま》を置《お》く「合駒《あいごま》」です。持《も》ち駒《ごま》を使《つか》う場合《ばあい》と盤上《ばんじょう》の駒《こま》を動《うご》かす場合《ばあい》とがあります（図《ず》2）。

図1

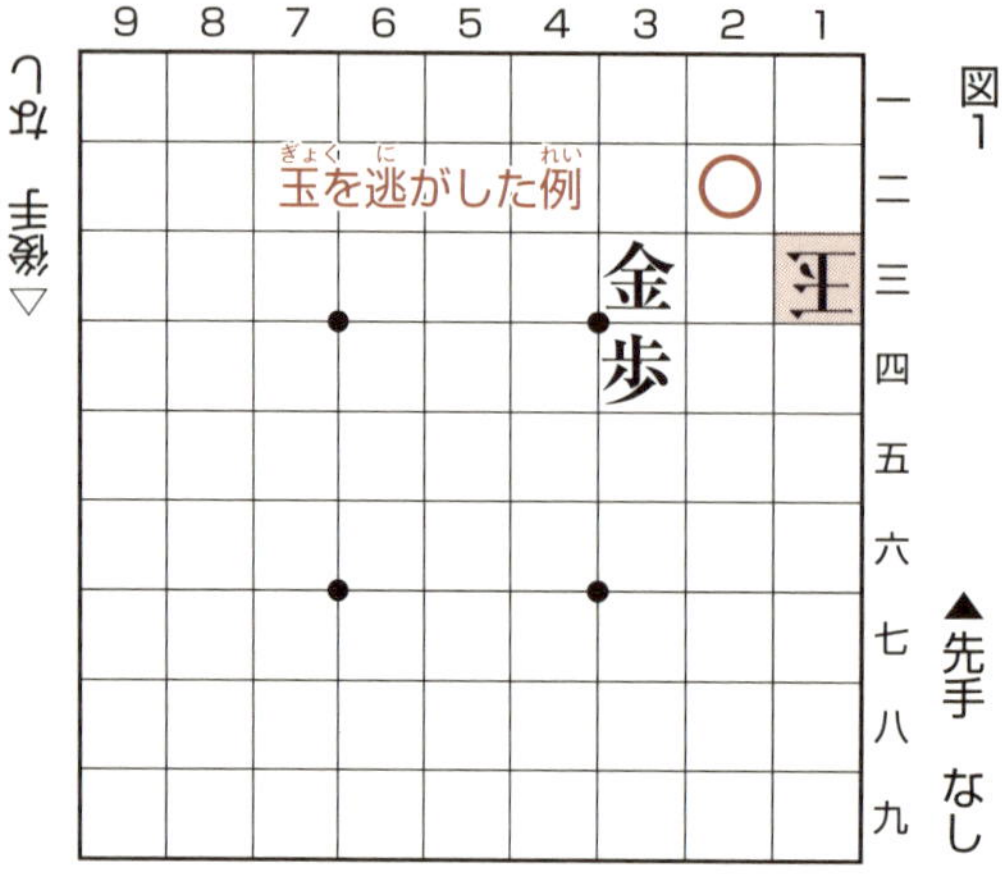

図2

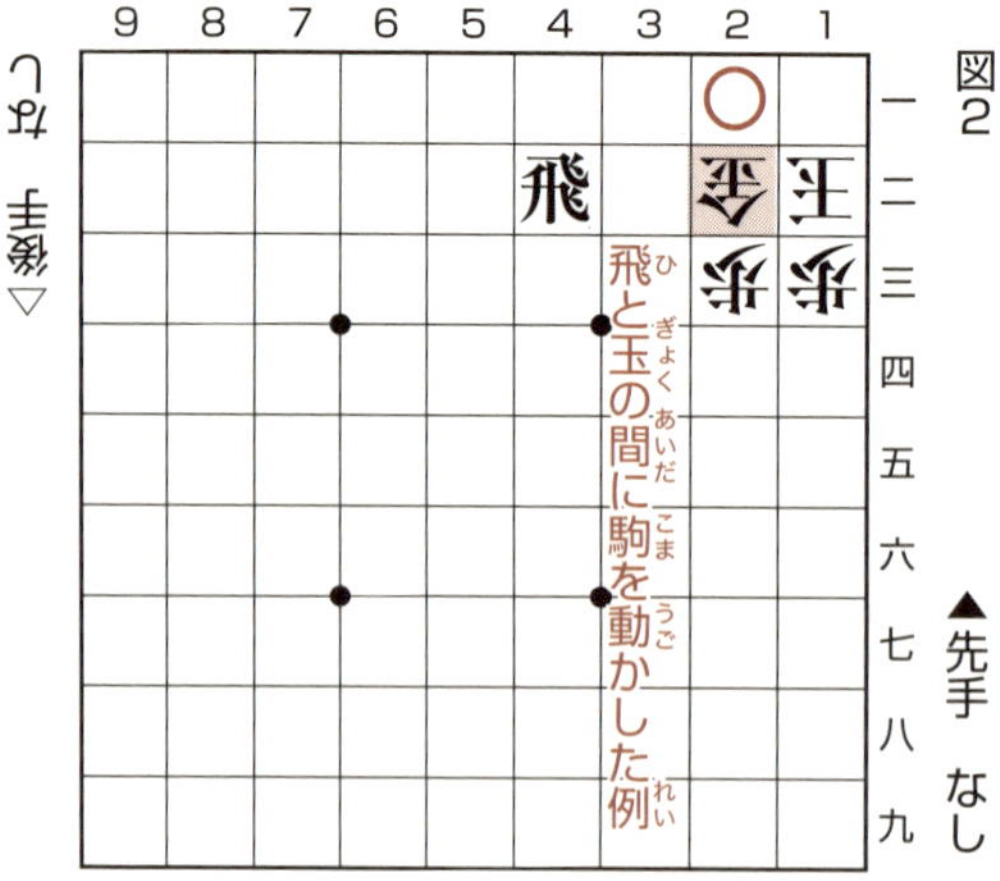

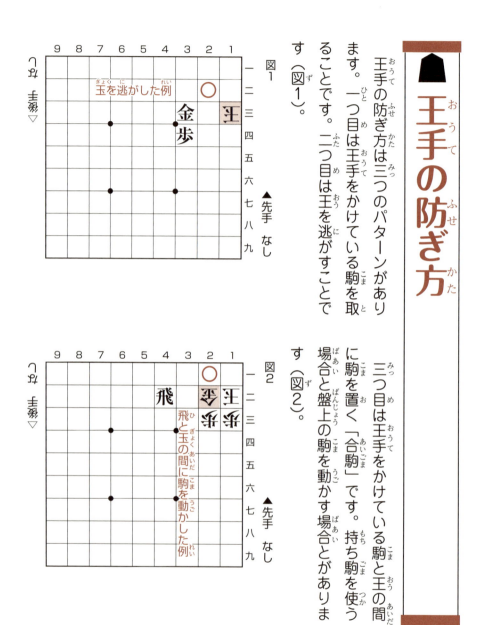

玉《ぎょく》を詰《つ》ます

将棋《しょうぎ》は相手《あいて》の王《おう》（玉《ぎょく》）を取《と》れば勝《か》ちのゲームです。王《おう》が次《つぎ》にどうやっても取《と》られてしまう状態《じょうたい》を詰《つ》みと言《い》い、そこで対局《たいきょく》は終了《しゅうりょう》になります。

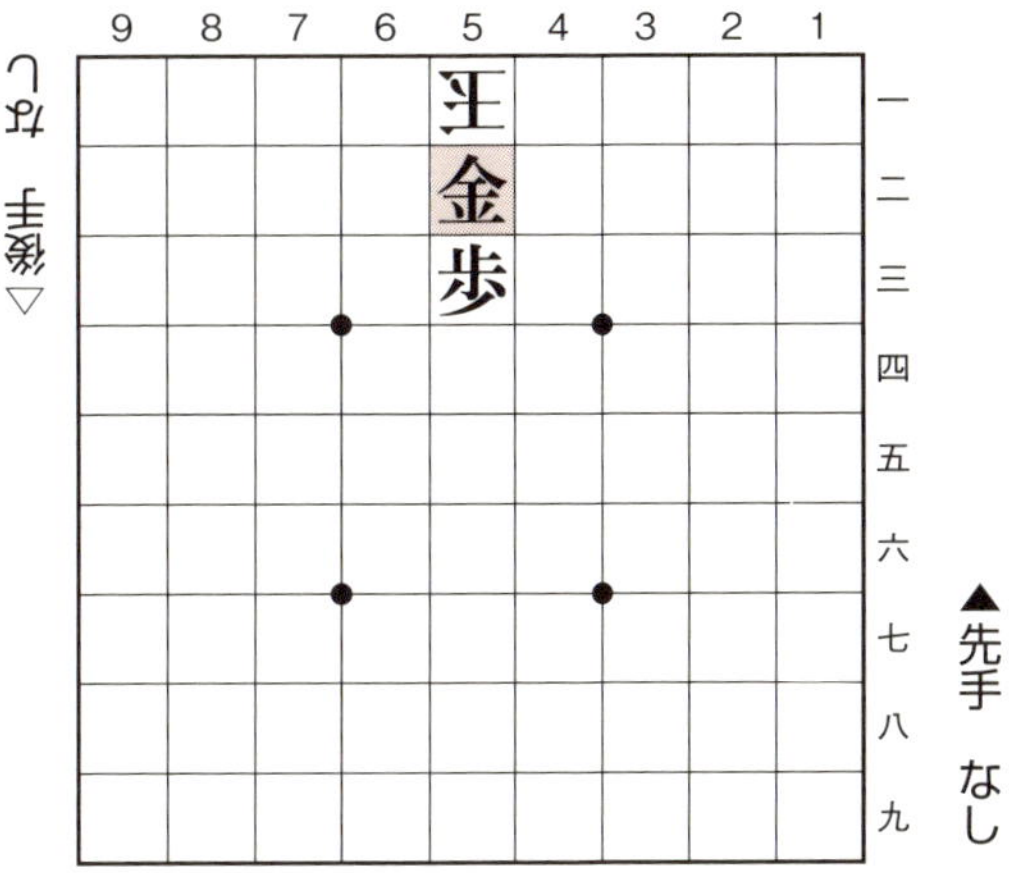

上の図《ず》では王《おう》は逃《に》げることができず、また金《きん》を取《と》ると歩《ふ》に取《と》られてしまうので詰《つ》みです。下《した》の図《ず》も詰《つ》みとなります。

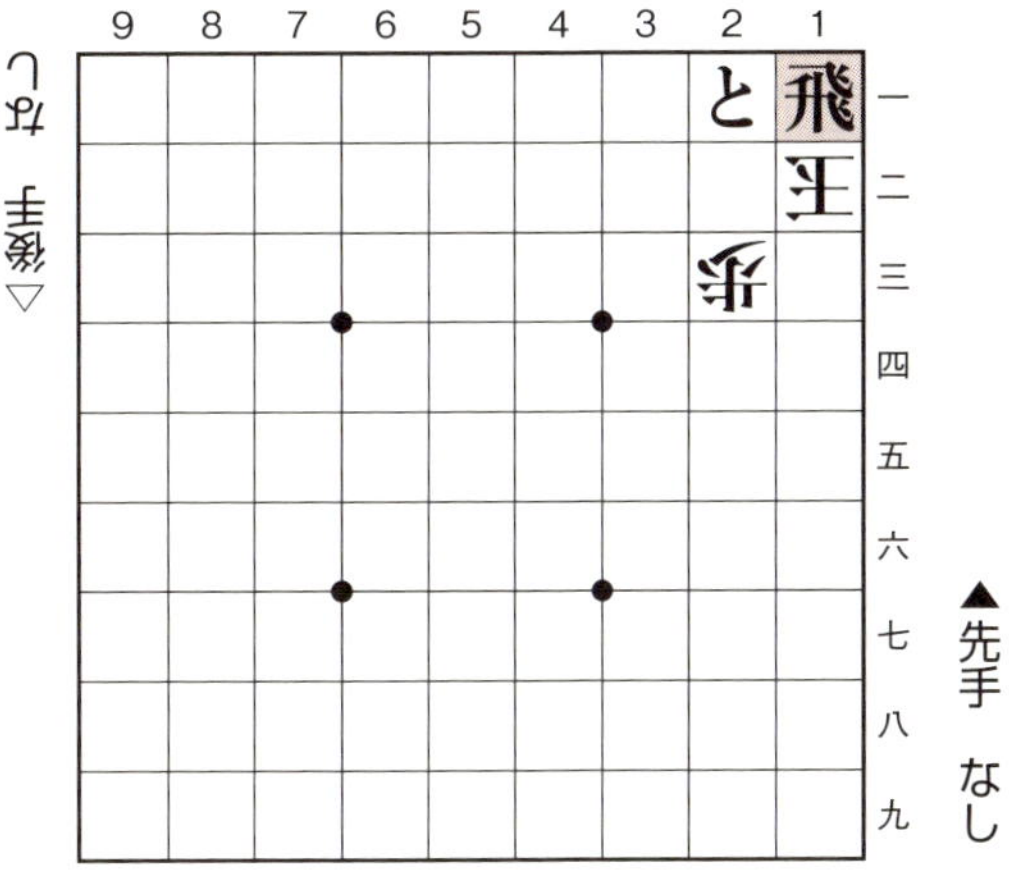

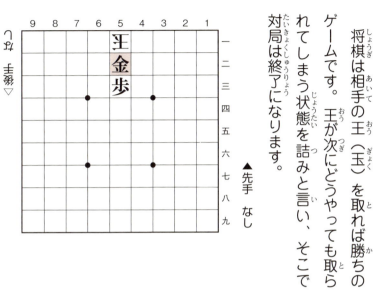

反則《はんそく》「二《に》歩《ふ》」

将棋《しょうぎ》にはいろいろな反則《はんそく》（禁《きん》じ手《て》）があります。反則《はんそく》をしてしまうとその場《ば》で負《ま》けになってしまいます。

すでに味方《みかた》の歩《ふ》がいる縦《たて》の列《れつ》に二枚目《にまいめ》の歩《ふ》を打《う》つことを二歩《にふ》といいます。一番《いちばん》多《おお》い反則《はんそく》でプロの棋士《きし》でもしてしまうことがあるそうです。

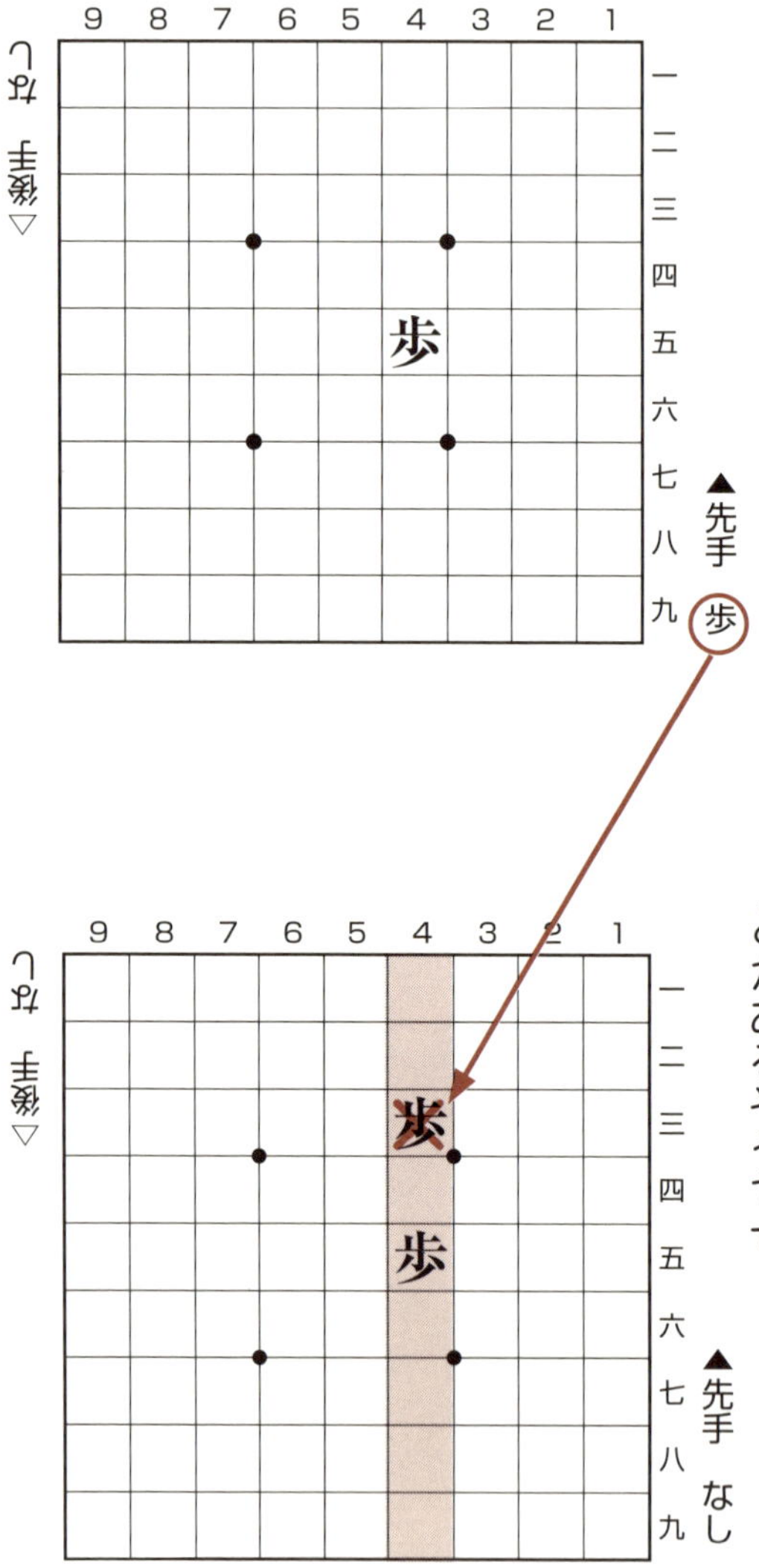

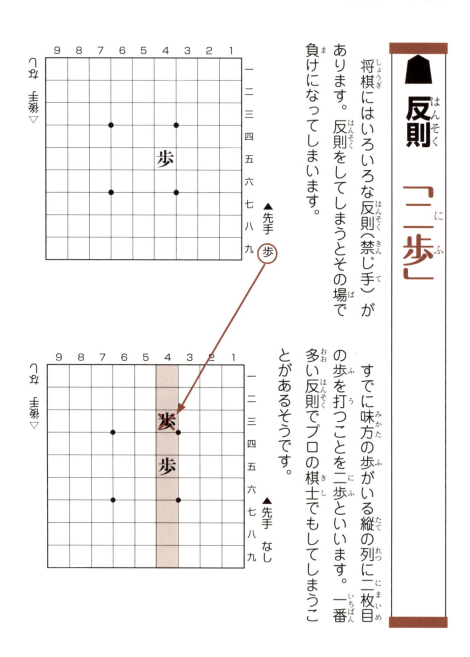

「二歩《にふ》」にならない例《れい》

と金《きん》がいて歩《ふ》のいない縦《たて》の列《れつ》に歩《ふ》を打《う》つことは二歩《にふ》にはなりません。

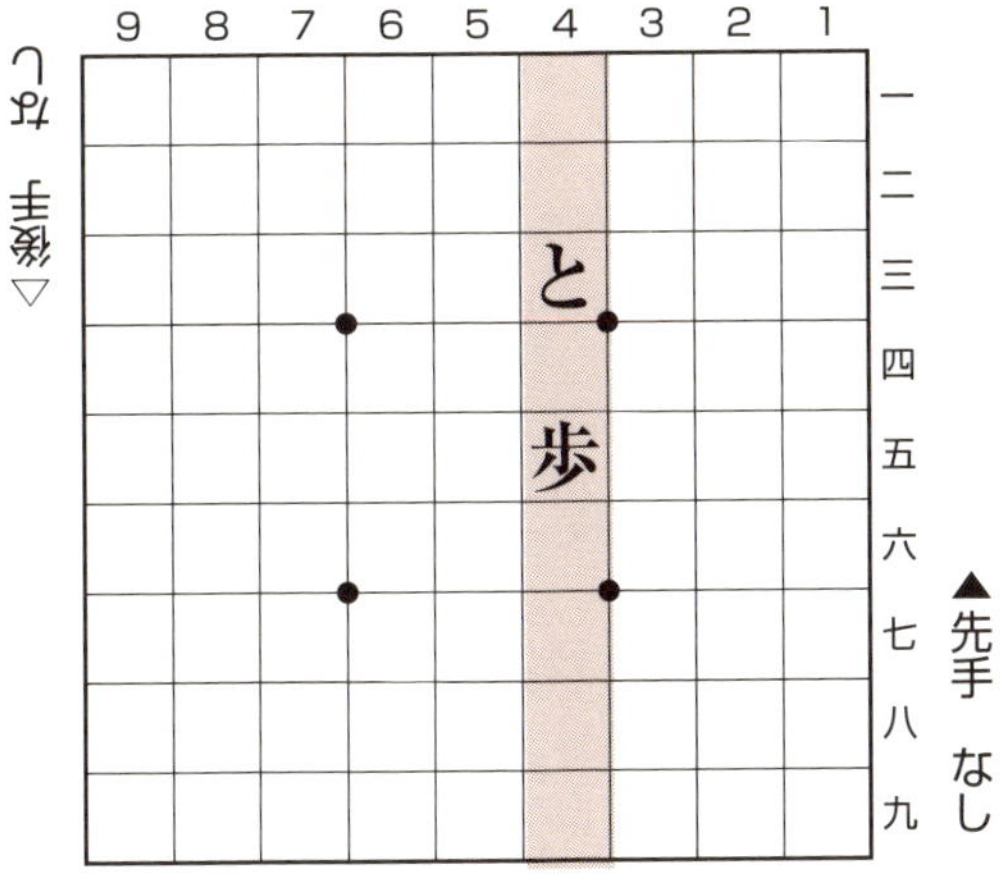

歩《ふ》がいる縦《たて》の列《れつ》にいくつと金《きん》があっても二歩《にふ》にはなりません（と金《きん》は金《きん》なので二歩《にふ》とは関係《かんけい》ありません）。

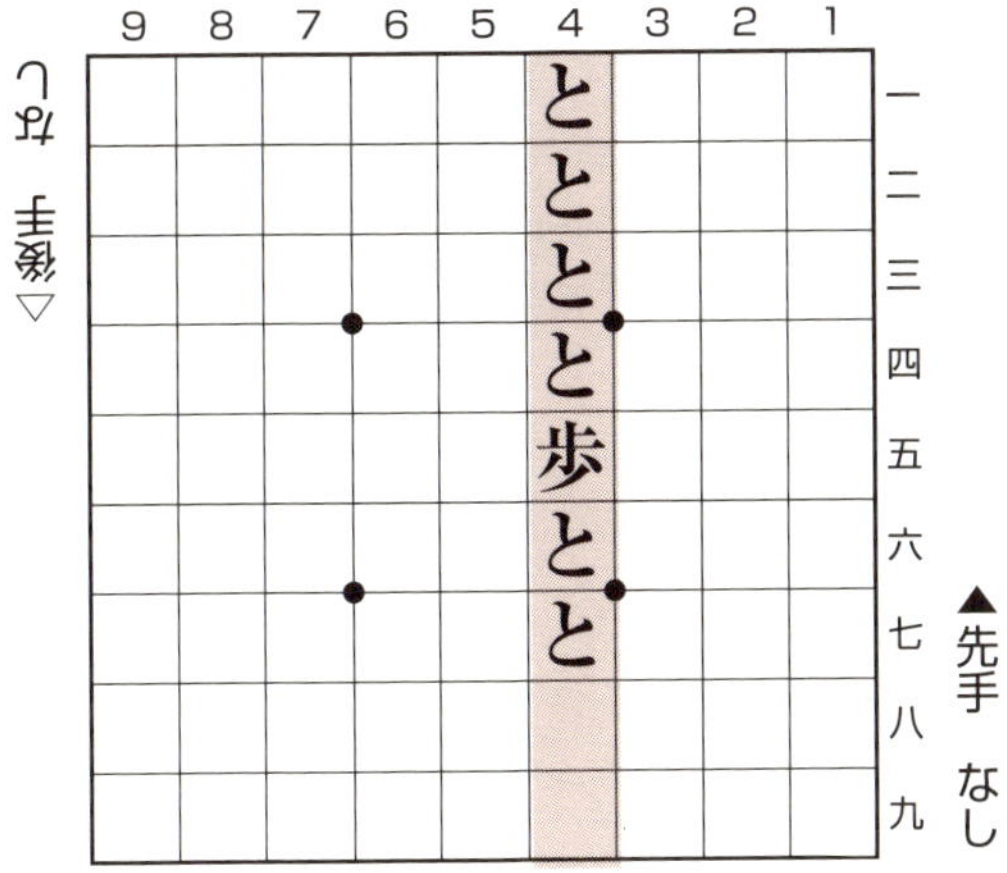

反則《はんそく》「行《い》き所《どころ》のない駒《こま》」

桂《けい》、香《きょう》、歩《ふ》は後戻《あともど》りできない駒《こま》です。香《きょう》、歩《ふ》は敵陣《てきじん》の一番奥《いちばんおく》に、桂《けい》は敵陣《てきじん》の奥《おく》から二段目《にだんめ》までに入《はい》ったら必《かなら》ず成《な》らなければいけません。

また、香《きょう》、歩《ふ》は敵陣《てきじん》の一番奥《いちばんおく》に、桂《けい》は敵陣《てきじん》の奥《おく》から二段目《にだんめ》までに打《う》つことはできません。

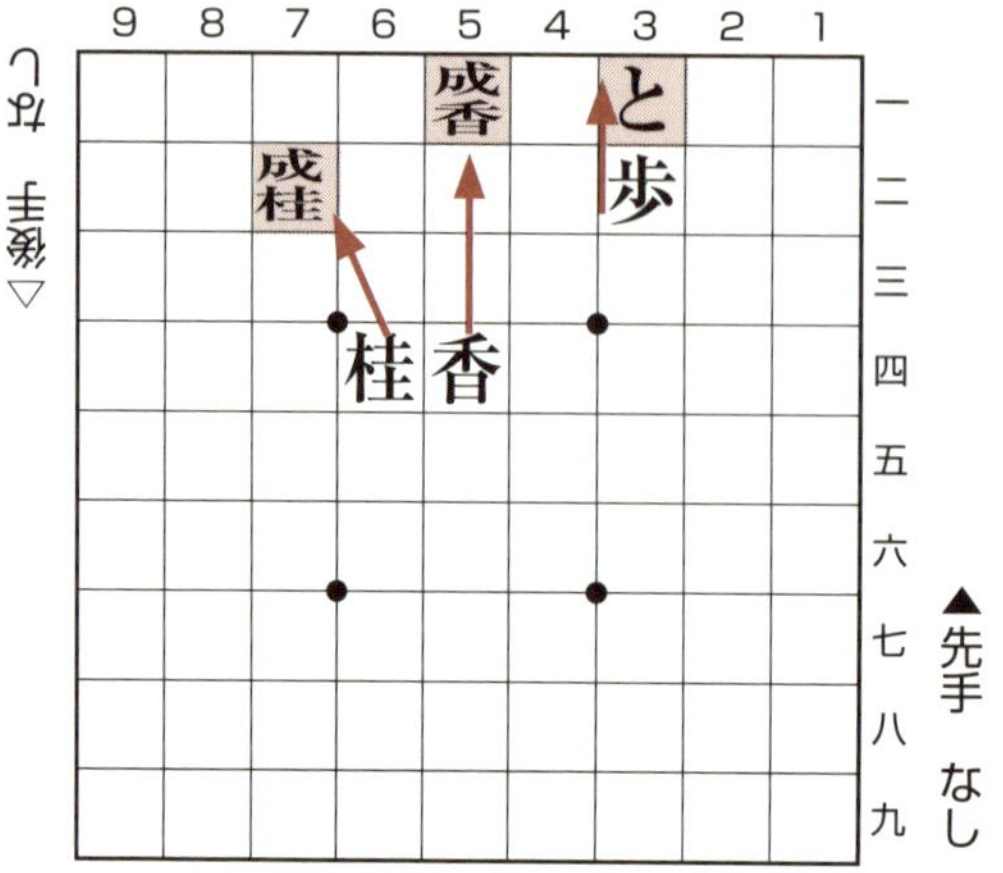

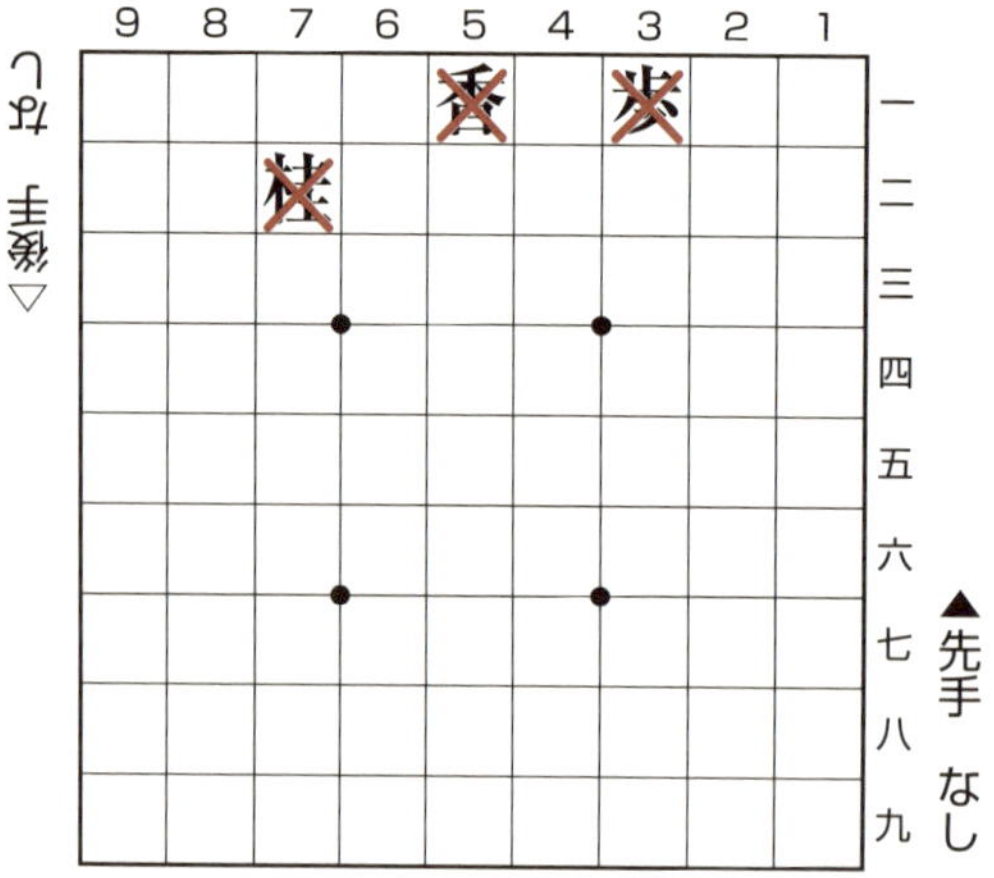

「行《い》き所《どころ》のない駒《こま》」にならない例《れい》

　左《ひだり》の図《ず》では歩《ふ》は動《うご》く先《さき》に味方《みかた》の「金《きん》」の駒《こま》があるので行《い》き所《どころ》がありません。

　しかし、金《きん》を横《よこ》に動《うご》かせば次《つぎ》に歩《ふ》は動《うご》けるようになります。このような場合《ばあい》、反則《はんそく》になりません。

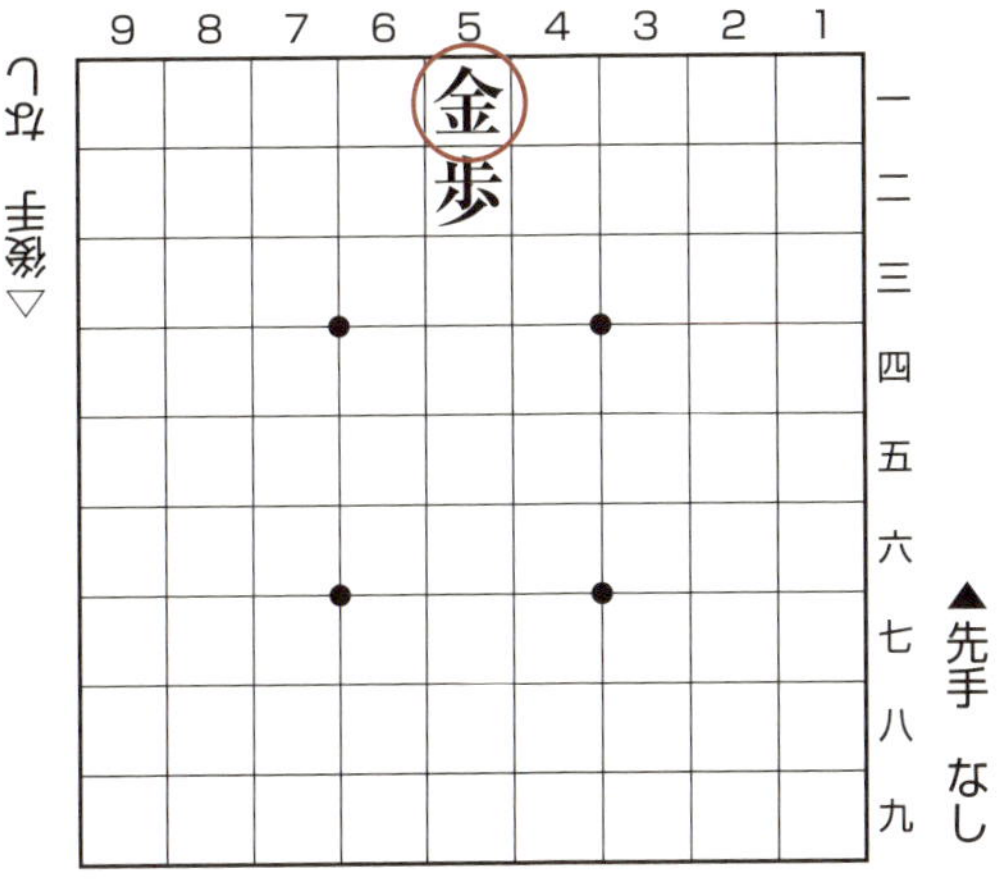

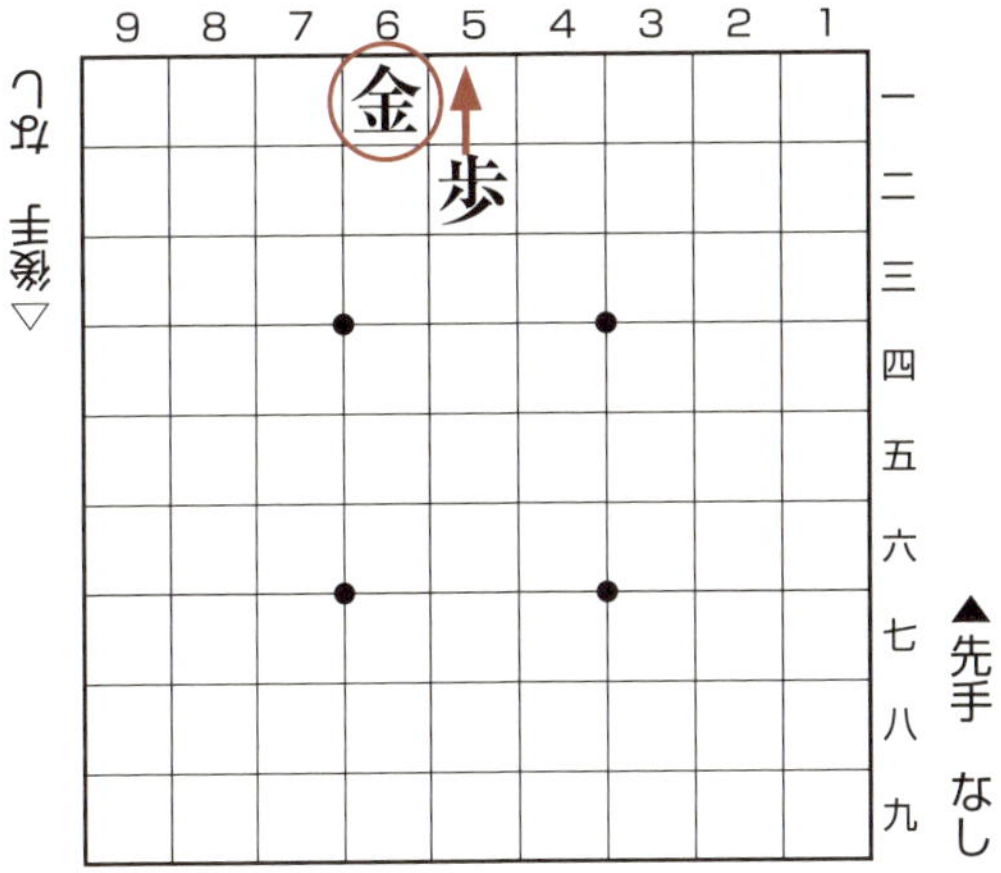

反則《はんそく》「打《う》ち歩《ふ》詰《づ》め」

持《も》ち駒《ごま》の歩《ふ》を打《う》って相手《あいて》の玉《ぎょく》を詰《つ》ますことは、「打《う》ち歩詰《ふづ》め」と言《い》い、反則《はんそく》です。

左《ひだり》の図《ず》では後手玉《ごてぎょく》は逃《に》げる場所《ばしょ》がなく、歩《ふ》を取《と》ることもできないのでこれで詰《つ》みです。このように歩《ふ》を打《う》って詰《つ》ましてしまうと、詰《つ》ました先手《せんて》の負《ま》けになります。

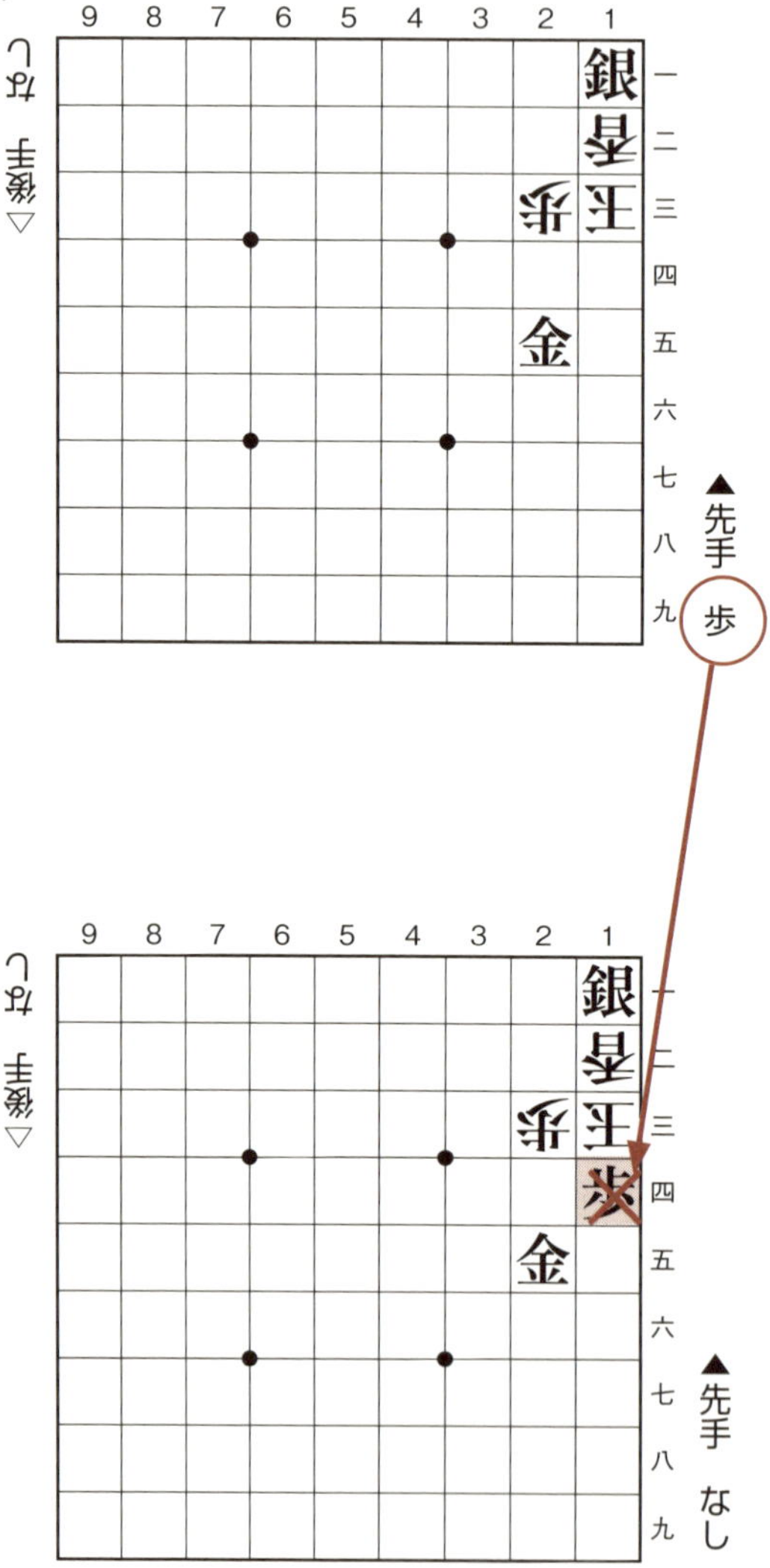

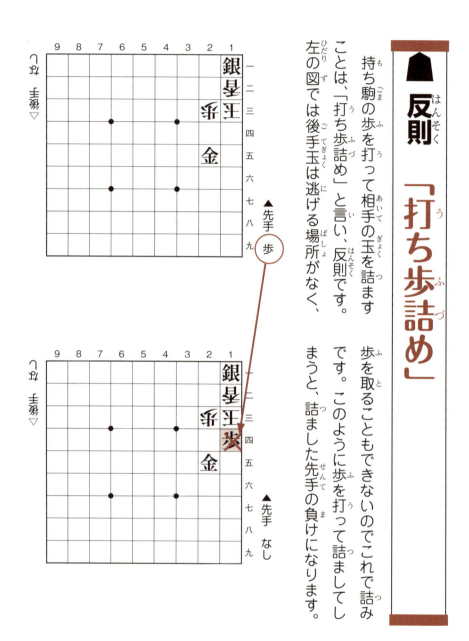

「打《う》ち歩《ふ》詰《づ》め」にならない例《れい》

盤上《ばんじょう》の歩《ふ》を動《うご》かして相手《あいて》の王《おう》を詰《つ》ますことは、「突《つ》き歩《ふ》詰《づ》め」と言《い》い、反則《はんそく》にはなりません。

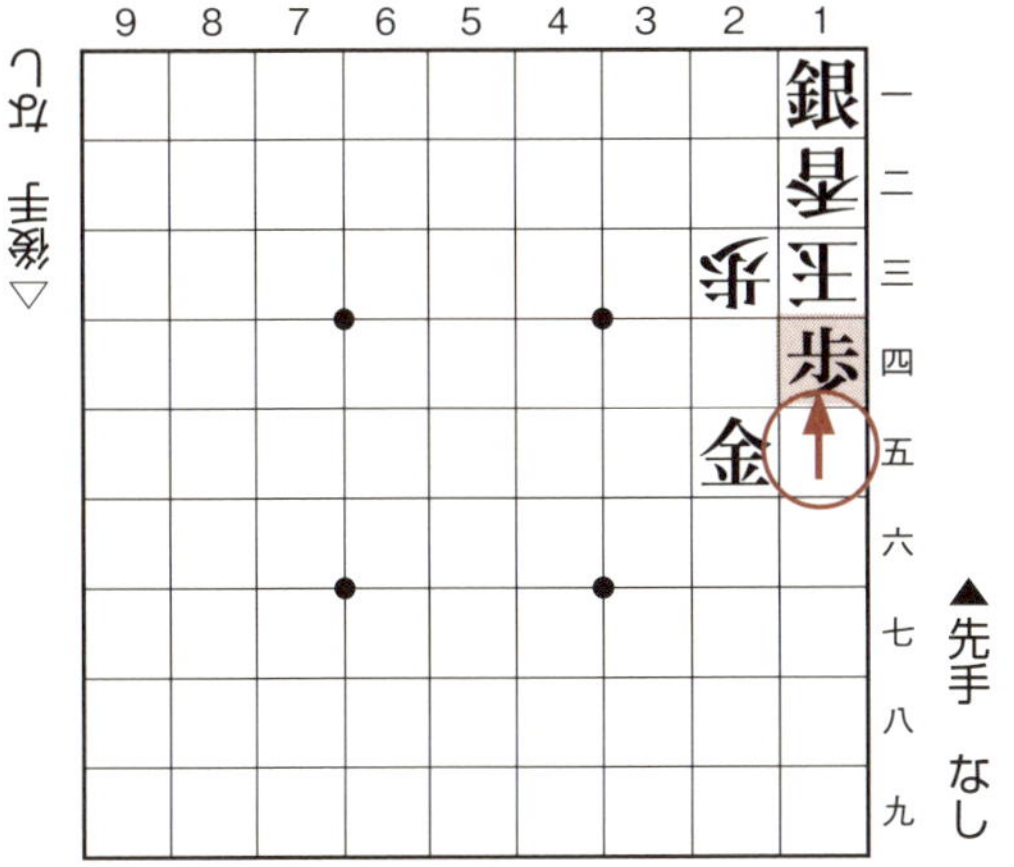

歩《ふ》を打《う》って王手《おうて》をしたとしても、まだ王手《おうて》を逃《のが》れる手段《しゅだん》がある場合《ばあい》は、これも「打《う》ち歩《ふ》詰《づ》め」にはなりません。

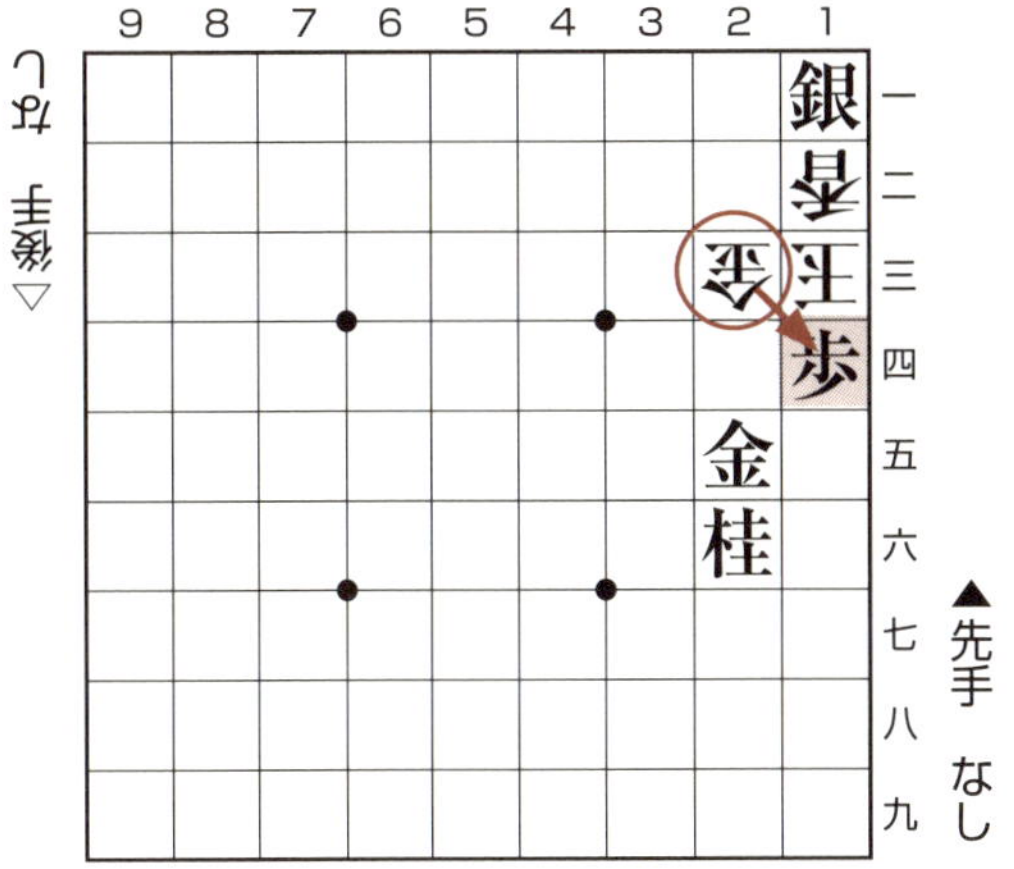

「千日手《せんにちて》」

左《ひだり》の局面《きょくめん》(図《ず》1)で後手《ごて》が歩《ふ》で先手《せんて》の「と金《きん》」を取《と》ります①。すると先手《せんて》はそれを歩《ふ》で取《と》り返《かえ》して「と金《きん》」を作《つく》ります②。

後手《ごて》は「と金《きん》」の前《まえ》に歩《ふ》を打《う》ちます③。先手《せんて》は「と金《きん》」のすぐうしろに歩《ふ》を打《う》ちます④。そうするとまた最初《さいしょ》の局面《きょくめん》に戻《もど》ってしまいます(図1)。

図1

▲先手 なし

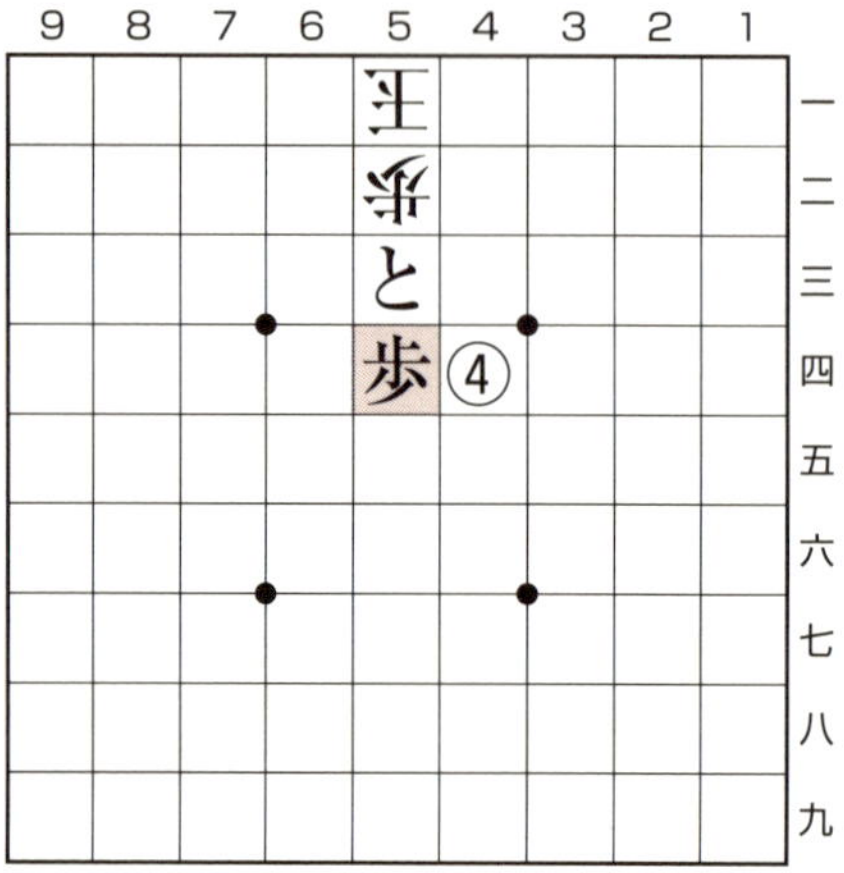

△後手 なし

図2

▲先手 なし

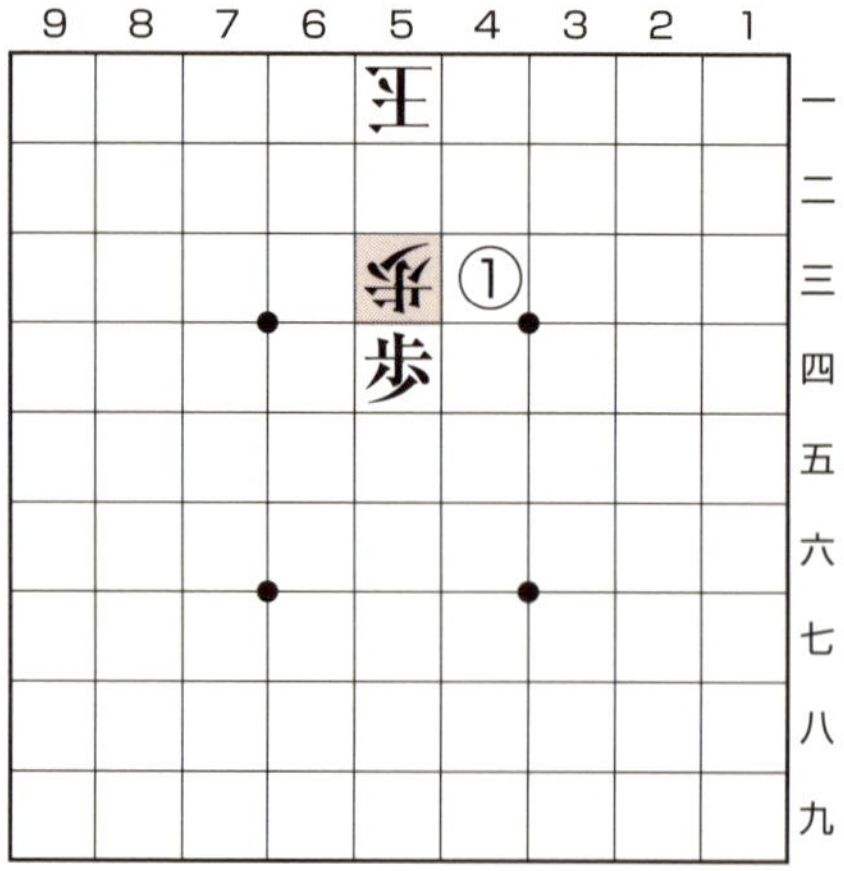

△後手 歩

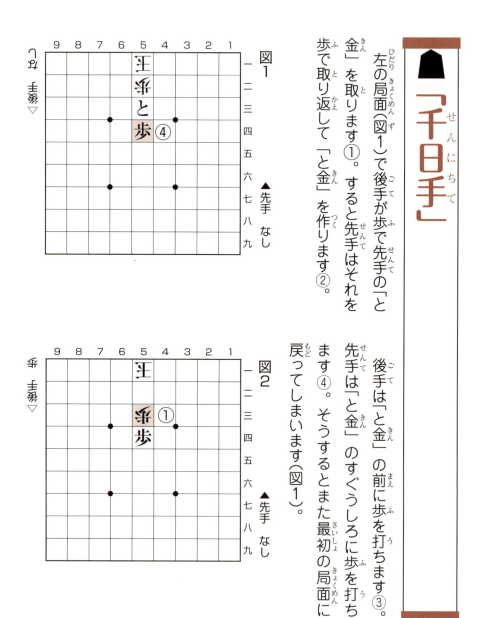

「千日手《せんにちて》」は、引《ひ》き分《わ》け（指《さ》し直《なお》し）

このような手順《てじゅん》を繰《く》り返《かえ》して、同《おな》じ局面《きょくめん》が四回《よんかい》現《あらわ》れることを「千日手《せんにちて》」と言《い》います。「千日手《せんにちて》」になったときは、引《ひ》き分《わ》けです。

千日手《せんにちて》になったときは、もう一度《いちど》はじめから指《さ》すことになります。指《さ》し直《なお》すときは先手《せんて》と後手《ごて》を入《い》れ替《か》えて始《はじ》めます。

図3

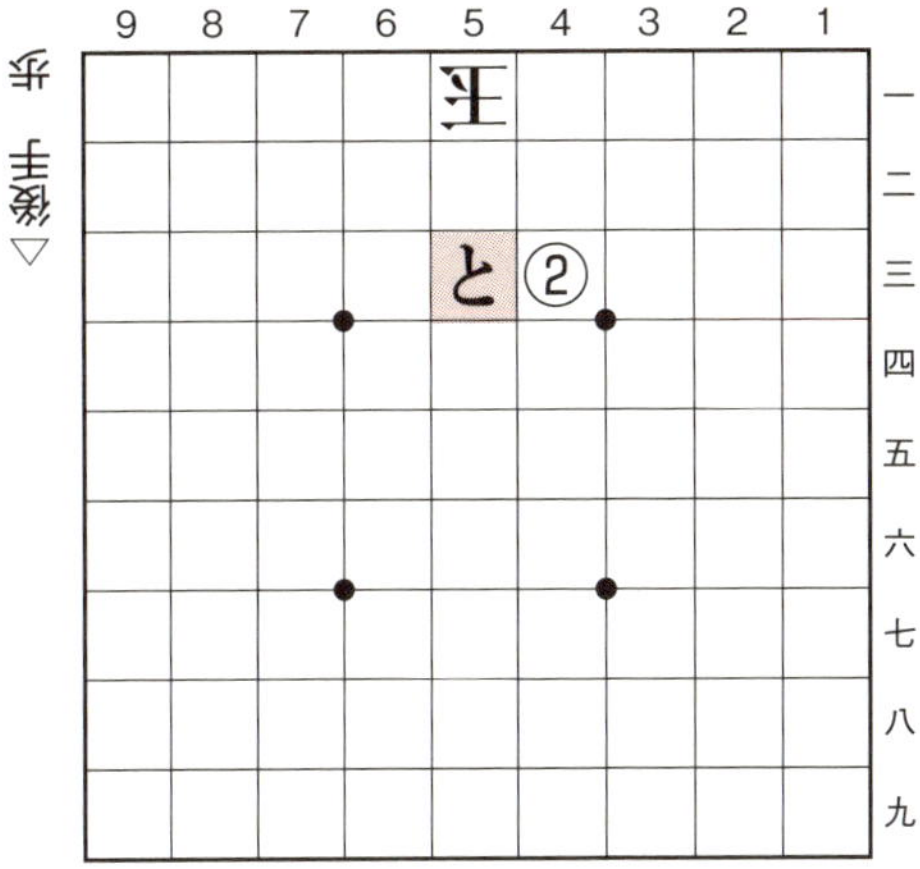

▲先手 歩

図4

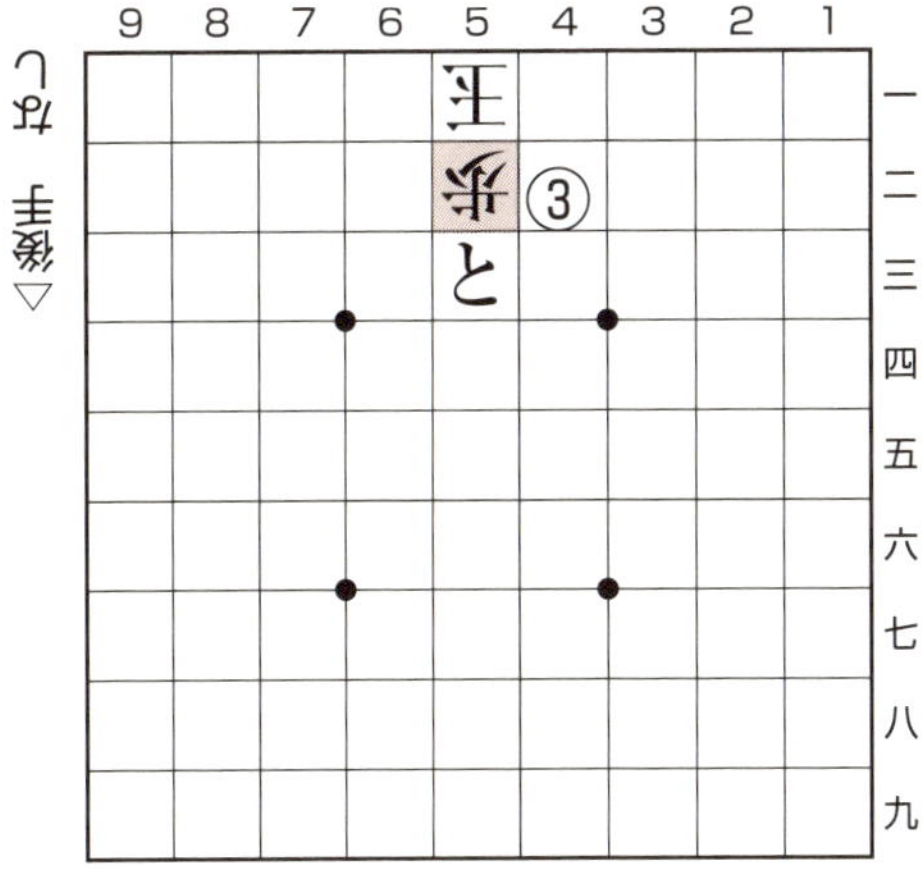

▲先手 歩

連続《れんぞく》王手《おうて》の「千日手《せんにちて》」は反則《はんそく》

左《ひだり》の図《ず》は先手《せんて》が竜《りゅう》で王手《おうて》をかけている場面《ばめん》です。ここで後手《ごて》が王《おう》（玉《ぎょく》）を横《よこ》に動《うご》かして王手《おうて》を防《ふせ》ぎます。

先手《せんて》は追《お》いかけるように竜《りゅう》を横《よこ》に動《うご》かし王手《おうて》をかけます。後手《ごて》の王《おう》は逃《に》げます。先手《せんて》は、また王手《おうて》をかけます。これは連続王手《れんぞくおうて》の「千日手《せんにちて》」となり反則《はんそく》です。王手《おうて》をかけている先手《せんて》の負《ま》けとなります。

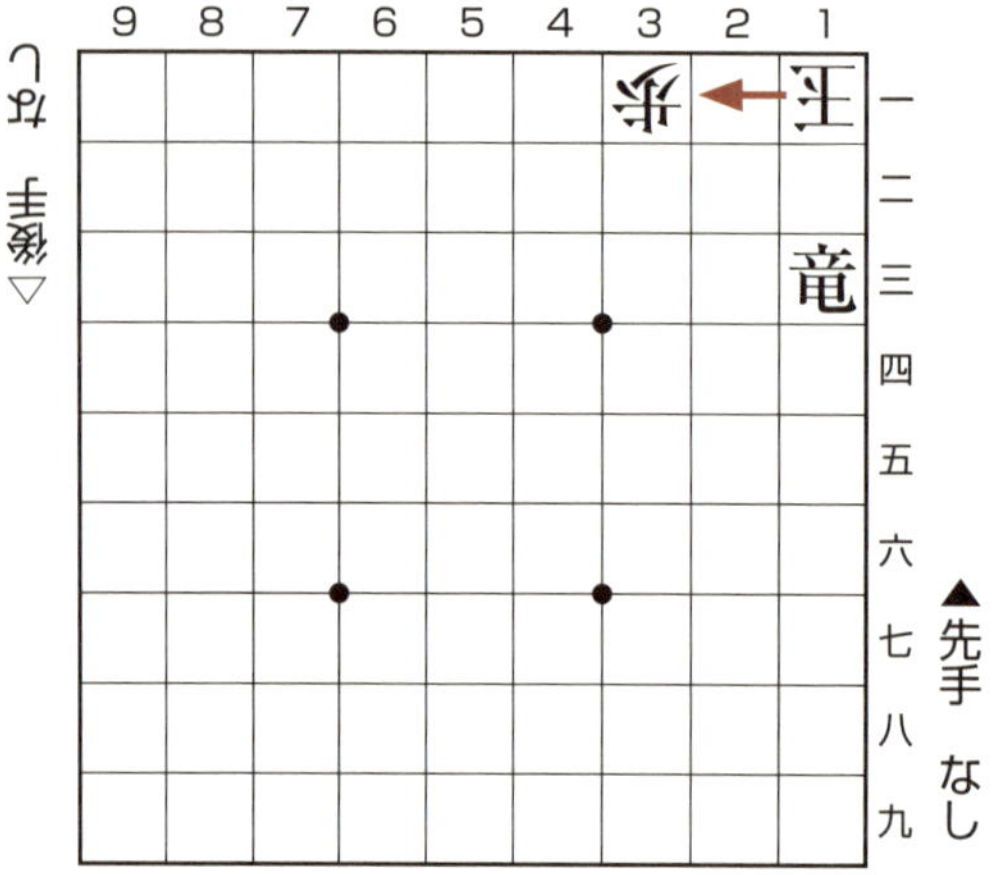
9 8 7 6 5 4 3 2 1
一 二 三 四 五 六 七 八 九
王
歩
竜
▲先手 なし
▽後手 なし

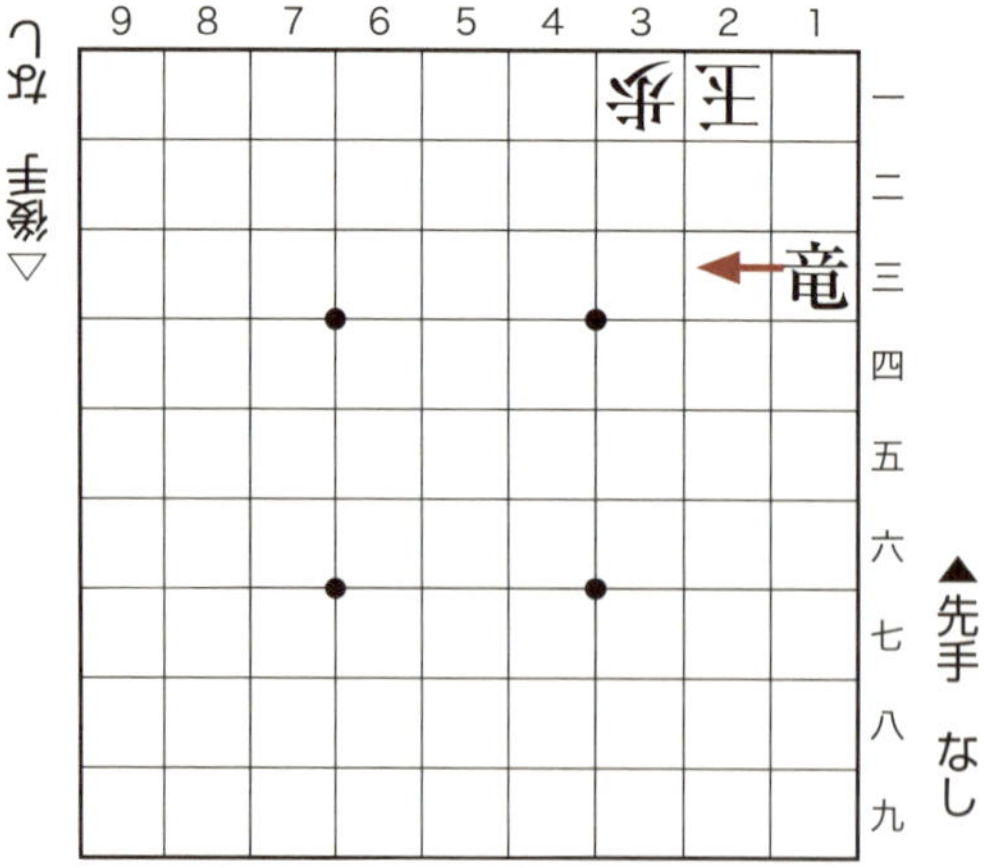
9 8 7 6 5 4 3 2 1
一 二 三 四 五 六 七 八 九
王
歩
竜
▲先手 なし
▽後手 なし

対《たい》局《きょく》時《じ》のマナー1

駒《こま》を箱《はこ》から出《だ》すのは年上《としうえ》の人《ひと》

駒《こま》を箱《はこ》から出《だ》すのは、年上《としうえ》の人《ひと》の役目《やくめ》です。学年《がくねん》が同《おな》じなら、将棋《しょうぎ》が強《つよ》い方《ほう》が駒《こま》を箱《はこ》から出《だ》しましょう。

また、駒《こま》を並《なら》べるときも、年上《としうえ》の人《ひと》から並《なら》べるようにしましょう。先《さき》に年上《としうえ》の人《ひと》が王《おう》を取《と》り、次《つぎ》にもうひとりの人《ひと》が玉《ぎょく》を取《と》ります。それから他《た》の駒《こま》を並《なら》べていきます。

始《はじ》める前《まえ》に一礼《いちれい》してあいさつする

対局《たいきょく》を始《はじ》めるときは、双方呼吸《そうほうこきゅう》を合《あ》わせて、一礼《いちれい》しながら「お願《ねが》いします」とあいさつをしましょう。

将棋《しょうぎ》は一人《ひとり》では遊《あそ》べません。対局《たいきょく》の相《あい》手《て》がいることへの感謝《かんしゃ》を表《あらわ》します。

将棋《しょうぎ》は礼儀《れいぎ》が大切《たいせつ》なゲームです。

おしゃべり、横《よこ》からヒントはダメ！

対局中《たいきょくちゅう》におしゃべりをしてはいけません。

考《かんが》えることに集中《しゅうちゅう》できませんし、まわりの人《ひと》の邪魔《じゃま》にもなってしまいます。

また、横《よこ》で見《み》ている人《ひと》がヒントをあげるのもいけません。

将棋《しょうぎ》は一対一《いったいいち》で戦《たたか》うゲームです。

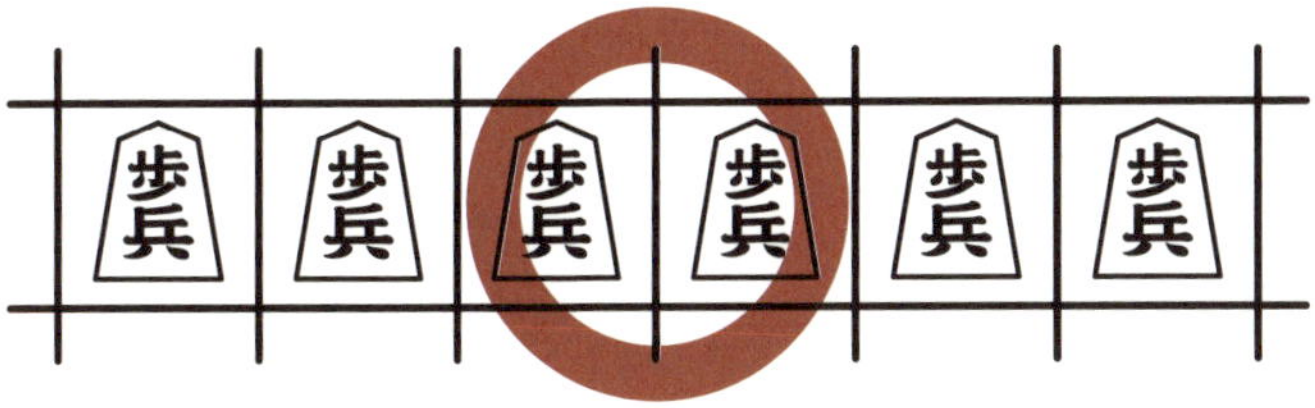

駒《こま》はマスの真《ま》ん中《なか》に置《お》く

駒《こま》は見《み》やすいように、マスの真《ま》ん中《なか》に置《お》きましょう。

ぐちゃぐちゃになっていると、相手《あいて》の人《ひと》も見《み》づらくて困《こま》ってしまいますし、横《よこ》向《む》きになった駒《こま》がどちらのものなのか分《わ》からなくなってしまいます。

持《も》ち駒《ごま》を隠《かく》してはいけない

持《も》ち駒《ごま》を隠《かく》してはいけません。
持《も》ち駒《ごま》は、相手《あいて》が見《み》やすいように整理《せいり》して並《なら》べましょう。

ごちゃごちゃになっていると、相手《あいて》に迷惑《めいわく》になるだけでなく、自分《じぶん》が何《なに》を持《も》っているのかもよく分《わ》からなくなってしまいます。

負《ま》けたら「負《ま》けました」とあいさつする

自分《じぶん》が負《ま》けになったら、「負《ま》けました」とあいさつをしましょう。潔《いさぎよ》く負《ま》けを認《みと》めるのが、日本文化《にほんぶんか》である将棋《しょうぎ》の伝統《でんとう》です。

悔《くや》しくても、きちんとあいさつをすることが大事《だいじ》です。

勝《か》った方《ほう》は、「ありがとうございました」とあいさつを返《かえ》しましょう。

対局《たいきょく》が終《お》わったら感想戦《かんそうせん》をする

どこが悪かったかな…
こうされるとイヤだったな…

対局《たいきょく》が終《お》わったら、相手《あいて》の人《ひと》と、何《なに》が悪《わる》かったか、どうすればよかったかを話《はな》す、感想戦《かんそうせん》をしましょう。

自分《じぶん》だけでは思《おも》いつかないようなアイディアを教《おし》えてもらったり、次《つぎ》の対局《たいきょく》に活《い》かすことができます。

強《つよ》くなるには、感想戦《かんそうせん》をすることが大《だい》事《じ》です。

ありがとうございました

片《かた》づけをして、最後《さいご》にあいさつをする

感想戦《かんそうせん》まで終《お》わったら、駒《こま》をきちんと数《かぞ》えて箱《はこ》にしまいます。

片《かた》づけが終《お》わって席《せき》を立《た》つとき、最後《さいご》にきちんと「ありがとうございました」とあいさつをしましょう。

気持《きも》ちよく対局《たいきょく》を終《お》えることができますね。

こらむ

「盤《ばん》と駒《こま》」

普段《ふだん》、将棋《しょうぎ》で遊《あそ》ぶときに、皆《みな》さんはどんな盤《ばん》や駒《こま》を使《つか》っていますか？ 木《き》でできた盤駒《ばんこま》でしょうか、それともプラスチックでできた駒《こま》でしょうか。

プロ棋士《きし》が対局《たいきょく》に使《つか》う盤《ばん》は、脚《あし》がついた木製《もくせい》の盤《ばん》です。一口《ひとくち》に木製《もくせい》、と言《い》っても、その材料《ざいりょう》になる木《き》には、カヤ、カツラ、ヒバなどいろいろな種類《しゅるい》があります。駒《こま》を動《うご》かしたときの感触《かんしょく》や音《おと》、木目《もくめ》の模様《もよう》などによって値段《ねだん》が決《き》まります。駒《こま》も、マキ、イタヤ、ツゲなどの木《き》を削《けず》って作《つく》られます。こちらも木《き》の種類《しゅるい》や色合《いろあ》い、書体《しょたい》や文字《もじ》の漆《うるし》の乗《の》せ方《かた》などによって様々《さまざま》な種類《しゅるい》があります。山形県天童市《やまがたけんてんどうし》で作《つく》られる将棋《しょうぎ》の駒《こま》は、一六〇年以上《ねんいじょう》の歴史《れきし》があり、国《くに》の伝統的工芸品《でんとうてきこうげいひん》の認定《にんてい》を受《う》けています。

スタンプタイプの駒《こま》

プラスチック製《せい》の駒《こま》

漆書《うるしか》き文字《もじ》タイプの駒《こま》

彫《ほ》り色《いろ》のせタイプの駒《こま》

将棋盤《しょうぎばん》と駒台《こまだい》

対局《たいきょく》してみよう

序盤《じょばん》・中盤《ちゅうばん》・終盤《しゅうばん》のとらえ方《かた》

将棋《しょうぎ》には序盤《じょばん》・中盤《ちゅうばん》・終盤《しゅうばん》というとらえ方《かた》があります。「ここまでが序盤《じょばん》でここからが中盤《ちゅうばん》です」というふうにはっきり分《わ》かれるわけではありませんが、やることや考《かんが》え方《かた》が変《か》わっていきます。

序盤《じょばん》でやることは、まず攻《せ》めの中心《ちゅうしん》になる飛《ひ》と角《かく》を使《つか》う準備《じゅんび》をすることです。もう一《ひと》つは、金《きん》や銀《ぎん》などで「囲《かこ》い」を作《つく》ることです。

中盤《ちゅうばん》になると、相手《あいて》の駒《こま》と自分《じぶん》の駒《こま》の交換《こうかん》が起《お》こります。この時《とき》に得《とく》をするような交換《こうかん》を目指《めざ》します。

終盤《しゅうばん》は、お互《たが》いの玉《ぎょく》を先《さき》に詰《つ》ませる競争《きょうそう》です。守《まも》るのか攻《せ》めるのか、一手《いって》の判断《はんだん》で勝敗《しょうはい》が決《き》まります。

序盤《じょばん》の考《かんが》え方《かた》

序盤《じょばん》は将棋《しょうぎ》の始《はじ》まりです。これから有利《ゆうり》に戦《たたか》えるように作戦《さくせん》を考《かんが》えます。

一《ひと》つ目《め》のポイントは飛《ひ》の場所《ばしょ》。飛《ひ》は攻《せ》めの中心《ちゅうしん》です。図《ず》1のようにもともとの場所《ばしょ》で使《つか》う「居飛車《いびしゃ》」と図《ず》2のように横《よこ》に動《うご》かして使《つか》う「振《ふ》り飛車《びしゃ》」があります。もう一つ、序盤《じょばん》では玉《ぎょく》を金《きん》や銀《ぎん》などで作《つく》った「囲《かこ》い」に入《い》れます。この時《とき》、居飛車《いびしゃ》なら図《ず》3、振《ふ》り飛車《びしゃ》なら図《ず》4のように、飛《ひ》から離《はな》れたところに囲《かこ》います。

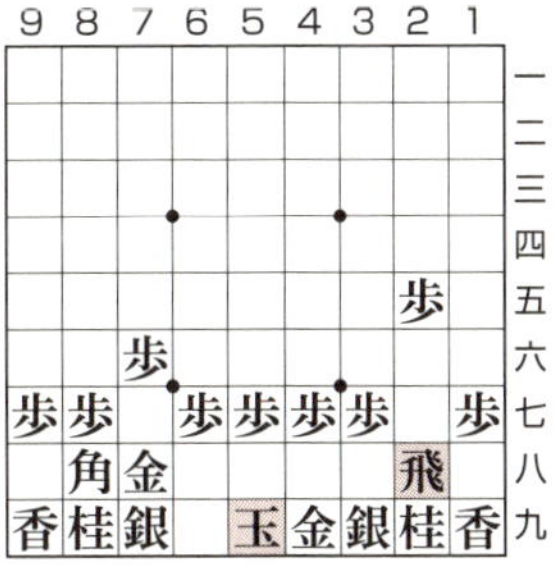

図《ず》1「居飛車《いびしゃ》」

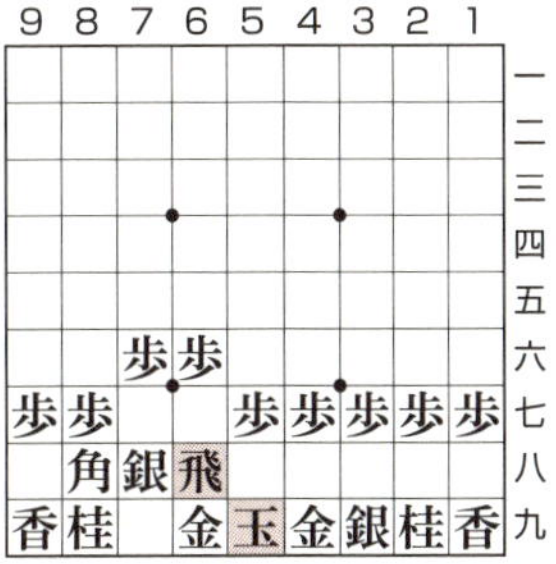

図《ず》2「振《ふ》り飛車《びしゃ》」

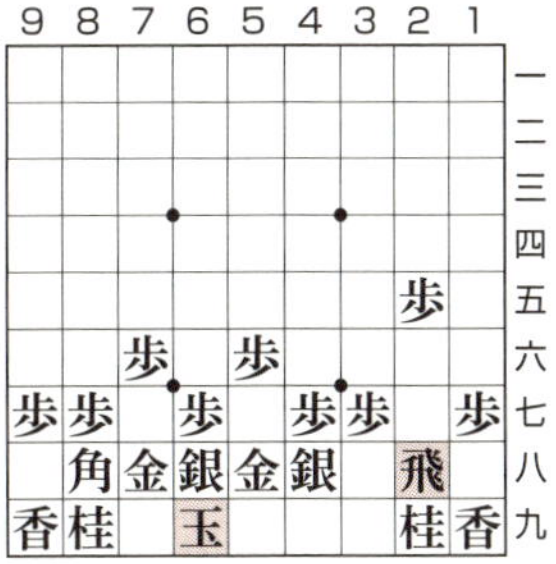

図《ず》3「居飛車《いびしゃ》」と囲《かこ》い

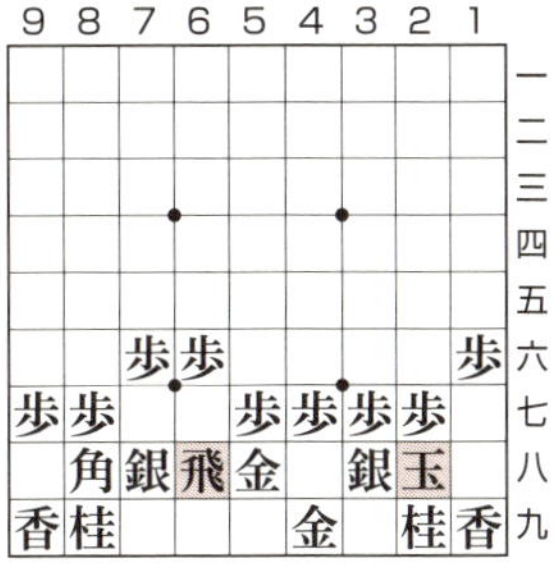

図《ず》4「振《ふ》り飛車《びしゃ》」と囲《かこ》い

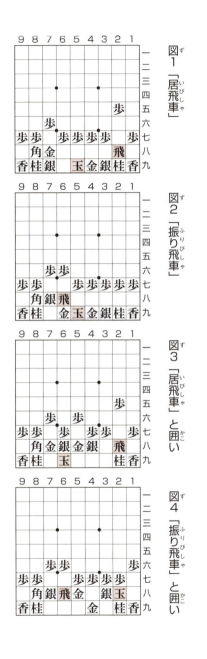

攻《せ》めの態勢《たいせい》を整《ととの》える

それでは実際《じっさい》の対局《たいきょく》を見《み》てみましょう。まず攻《せ》めの中心《ちゅうしん》となる飛《ひ》と角《かく》を使《つか》う準備《じゅんび》をします。はじめに先手《せんて》も後手《ごて》も角《かく》の斜《なな》め前《まえ》の歩《ふ》を動《うご》かしました(図《ず》1)。これで全《まった》く動《うご》けなかったお互《たが》いの角《かく》が動《うご》けるようになりました。

次《つぎ》に飛《ひ》の位置《いち》を決《き》め、使《つか》う準備《じゅんび》をします(図《ず》2～図《ず》3)。先手《せんて》は振《ふ》り飛車《びしゃ》、後手《ごて》は居飛車《いびしゃ》です。先手《せんて》は角《かく》の頭《あたま》を飛《ひ》で攻《せ》められないように守《まも》りました(図《ず》4)。

図《ず》1 先手《せんて》▼後手《ごて》

▲先手 なし

図《ず》2 先手《せんて》▼後手《ごて》

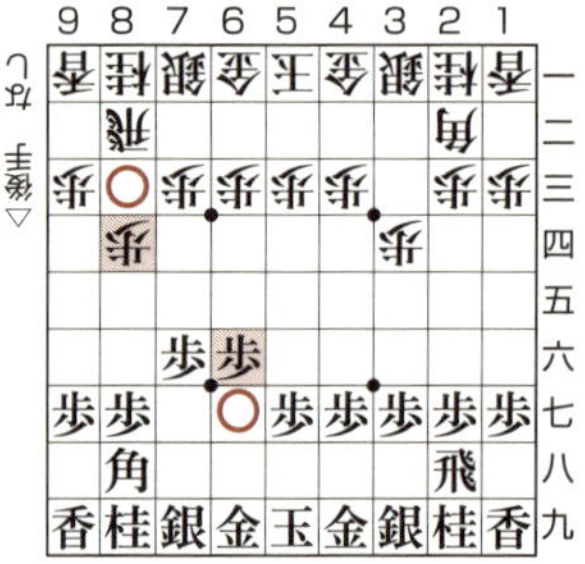

▲先手 なし

図《ず》3 先手《せんて》▼後手《ごて》

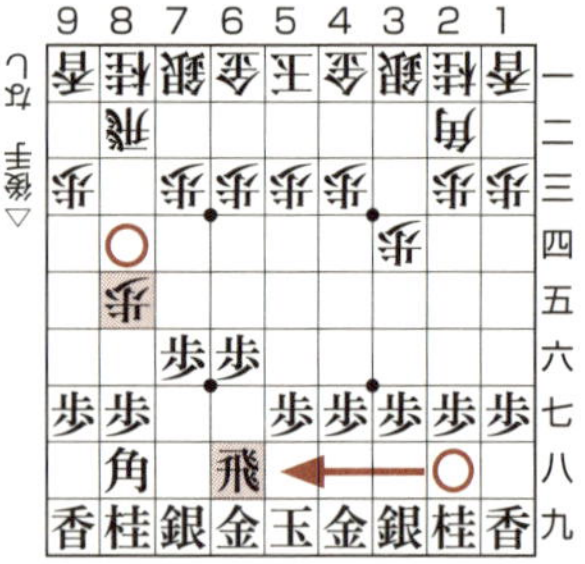

▲先手 なし

図《ず》4 先手《せんて》

▲先手 なし

玉《ぎょく》の守《まも》りは金銀《きんぎん》3枚《まい》

飛《ひ》と角《かく》で「攻《せ》め」の準備《じゅんび》をしたところで、今度《こんど》は「守《まも》り」。一番大切《いちばんたいせつ》な玉《ぎょく》が簡単《かんたん》に取《と》られないように囲《かこ》っていきます。

まず後手《ごて》も先手《せんて》も玉《ぎょく》を飛《ひ》から離《はな》れた方向《ほうこう》に動《うご》かします(図《ず》1)。玉《ぎょく》の移動《いどう》が終《お》わったら、金《きん》や銀《ぎん》を動《うご》かして玉《ぎょく》のまわりを囲《かこ》っていきます(図《ず》2〜3)。

完成《かんせい》した囲《かこ》いは、先手《せんて》が「美濃囲《みのがこ》い」、後手《ごて》が「舟囲《ふながこ》い」と呼《よ》ばれる形《かたち》です(図《ず》4)。どちらも金《きん》2枚《まい》と銀《ぎん》1枚《まい》を玉《ぎょく》の方《ほう》に寄《よ》せて囲《かこ》っています。

図《ず》1

後手《ごて》▼先手《せんて》▼後手《ごて》▼先手《せんて》

図《ず》2

後手《ごて》▼先手《せんて》

図《ず》3

後手《ごて》▼先手《せんて》

図《ず》4　先手《せんて》「美濃囲《みのがこ》い」　後手《ごて》「舟囲《ふながこ》い」

後手《ごて》▼先手《せんて》▼後手《ごて》▼先手《せんて》

小駒《こごま》の攻《せ》め駒《こま》を使《つか》っていく

「攻《せ》めは飛角銀桂《ひかくぎんけい》」と言《い》われます。飛《ひ》角《かく》だけでなく、小駒《こごま》も攻《せ》めに参加《さんか》させることが大切《たいせつ》です。

後手《ごて》も先手《せんて》も銀《ぎん》を前《まえ》に出《だ》します（図《ず》1）。さらに後手《ごて》は歩《ふ》を突《つ》いて銀《ぎん》や桂《けい》を使《つか》う準備《じゅんび》です（図《ず》2）。

次はお互《たが》いに香《きょう》の前《まえ》の歩《ふ》を進《すす》めます（図《ず》3）。そしてお互《たが》いに攻《せ》めの銀《ぎん》を前《まえ》に送《おく》り、先手《せんて》は戦《たたか》いが起《お》こりそうな7筋《すじ》に飛《ひ》を移動《いどう》しました（図《ず》4）。

さあ決戦《けっせん》間近《まぢか》です。

図《ず》1　後手《ごて》▼先手《せんて》
▲先手　なし　△後手　なし

図《ず》2　後手《ごて》
▲先手　なし　△後手　なし

図《ず》3　先手《せんて》▼後手《ごて》▼先手《せんて》
▲先手　なし　△後手　なし

図《ず》4　後手《ごて》▼先手《せんて》▼後手《ごて》▼先手《せんて》
▲先手　なし　△後手　なし

準備《じゅんび》が整《ととの》ったら攻《せ》める

さあ、攻《せ》める準備《じゅんび》の整《ととの》った後手《ごて》がついに7筋《すじ》で自分《じぶん》の歩《ふ》を先手《せんて》の歩《ふ》にぶつけました（図《ず》1）。先手《せんて》は狙《ねら》われている角《かく》を自陣《じじん》の方《ほう》に下《さ》げ、後手《ごて》の攻《せ》めをかわしながら反撃《はんげき》の機会《きかい》をうかがい、一方《いっぽう》の後手《ごて》は飛《ひ》を7筋《すじ》に移動《いどう》させました（図《ず》2）。

さらに後手《ごて》は6筋《すじ》の歩《ふ》を突《つ》いて、遠《とお》くから角《かく》も攻《せ》めに参加《さんか》させようという狙《ねら》いです（図《ず》3）。先手《せんて》はその狙《ねら》いを前《まえ》もって受《う》けるために香《きょう》を角《かく》の筋《すじ》から逃《に》げさせました（図《ず》4）。

後手《ごて》

図《ず》1

▲先手　なし

▽後手　なし

先手《せんて》▼後手《ごて》▼先手《せんて》

図《ず》2

▲先手　なし

▽後手　なし

後手《ごて》

図《ず》3

▲先手　なし

▽後手　なし

先手《せんて》

図《ず》4

▲先手　なし

▽後手　なし

相手《あいて》の駒《こま》を取《と》る

後手《ごて》の歩《ふ》がぶつかっていた先手《せんて》の歩《ふ》を取《と》り（図《ず》1）、先手《せんて》も銀《ぎん》で歩《ふ》を取《と》り返《かえ》しました（図《ず》2）。これでお互《たが》い「持《も》ち駒《ごま》」を持《も》つことになりました。持《も》ち駒《ごま》が増《ふ》えてくると、少《すこ》しずつ序盤《じょばん》から中盤《ちゅうばん》に進《すす》んでいきます（図《ず》4）。

後手《ごて》はさらに6筋《すじ》の歩《ふ》もぶつけて攻《せ》め込《こ》もうとしています。先手《せんて》はただ受《う》けているだけでは攻《せ》め込《こ》まれてしまうので、銀《ぎん》を引《ひ》いて飛同士《ひどうし》をぶつけました（図《ず》3）。後手《ごて》が先《さき》に飛《ひ》を取《と》り、先手《せんて》も銀《ぎん》で飛《ひ》を取《と》り返《かえ》します（図《ず》4）。お互《たが》いに飛《ひ》も持《も》ち駒《ごま》になりました。

図《ず》1 後手《ごて》

図《ず》2 先手《せんて》

図《ず》3 後手《ごて》▼先手《せんて》

図《ず》4 後手《ごて》▼先手《せんて》

取《と》られそうな駒《こま》を守《まも》る

後手《ごて》は取《と》った飛《ひ》をさっそく先手陣《せんてじん》に打《う》ってきました。銀《ぎん》と香《きょう》の「両取《りょうど》り」です(図《ず》1)。このような場合《ばあい》、場面《ばめん》によって判断《はんだん》しなければいけませんが、基本的《きほんてき》には価値《かち》の高《たか》い駒《こま》を守《まも》ります。

今回《こんかい》、先手《せんて》は歩《ふ》を打《う》って銀《ぎん》を守《まも》り、後手《ごて》は香《きょう》を取《と》って飛《ひ》を成《な》りました(図《ず》2)。先手《せんて》も相手陣《あいてじん》に飛《ひ》を打《う》ち込《こ》みました。銀《ぎん》と桂《けい》の両取《りょうど》りです(図《ず》3)。後手《ごて》も価値《かち》の高《たか》い銀《ぎん》を逃《に》げ、先手《せんて》は桂《けい》を取《と》って飛《ひ》を成《な》りました(図《ず》4)。

後手《ごて》

図《ず》1

先手《せんて》▼後手《ごて》

図《ず》2

先手《せんて》

図《ず》3

後手《ごて》▼先手《せんて》

図《ず》4

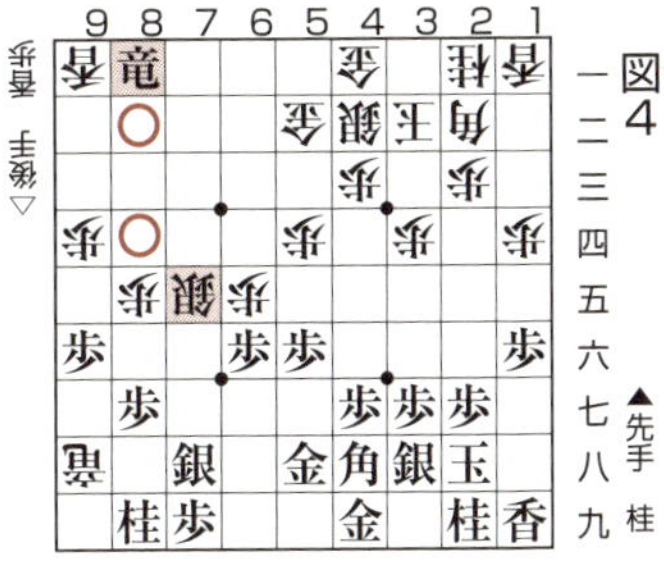

攻《せ》め駒《ごま》を増《ふ》やす　敵陣《てきじん》を突破《とっぱ》する

後手《ごて》が今《いま》まで動《うご》かしていなかった角《かく》が、ついに攻《せ》めに参戦《さんせん》しました（図《ず》1）。先手《せんて》は角《かく》で後手《ごて》の角《かく》を取《と》り、後手《ごて》も歩《ふ》で取《と》り返《かえ》します（図《ず》2）。お互《たが》いに角《かく》も持《も》ち駒《ごま》とし、さらに攻《せ》める手段《しゅだん》が増《ふ》えました。

先手《せんて》は竜《りゅう》で香《きょう》を取《と》り、後手《ごて》は銀《ぎん》を進《すす》めて攻《せ》めに使《つか》う駒《こま》を増《ふ》やしていきます（図《ず》3）。先手《せんて》は取《と》った香《きょう》を2筋《すじ》に打《う》って後手玉《ごてぎょく》の正面《しょうめん》を狙《ねら》い、後手《ごて》は歩《ふ》を成《な》って金銀両取《きんぎんりょうど》りです（図《ず》4）。お互《たが》いが敵陣《てきじん》を突破《とっぱ》し始《はじ》めました。

後手《ごて》
図《ず》1

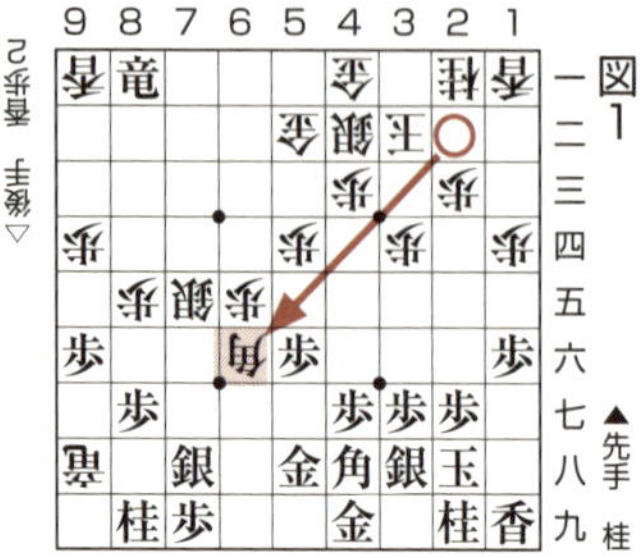

先手《せんて》▼後手《ごて》
図《ず》2

先手《せんて》▼後手《ごて》
図《ず》3

先手《せんて》▼後手《ごて》
図《ず》4

相手玉《あいてぎょく》の守《まも》り駒《ごま》をはがす

さあ、終盤《しゅうばん》に入《はい》ってきました。「終盤《しゅうばん》は駒《こま》の損得《そんとく》より速度《そくど》」と言《い》われます。価値《かち》の高《たか》い駒《こま》を取《と》るよりも相手玉《あいてぎょく》に迫《せま》る方《ほう》が大切《たいせつ》になります。

先手《せんて》は2筋《すじ》の香《きょう》を成《な》り込《こ》みます（図《ず》1）。王手《おうて》なので後手《ごて》は当然玉《とうぜんぎょく》で香《きょう》を取《と》りますが（図《ず》2）、玉《ぎょく》が動《うご》いたので先手《せんて》は竜《りゅう》で金《きん》を取《と》ることができました（図《ず》3）。後手《ごて》も負《ま》けじと、と金《きん》で金《きん》を取《と》ります（図《ず》4）。お互《たが》いの玉《ぎょく》の守《まも》り駒《ごま》をはがしていっています。

先手《せんて》 図《ず》1

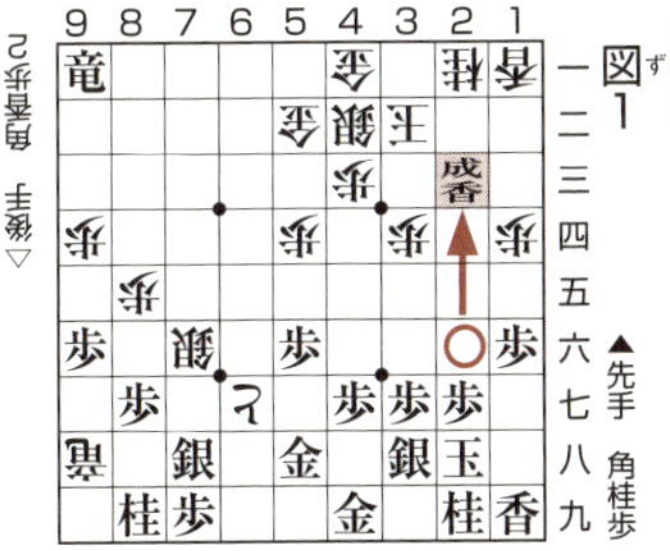

後手《ごて》 図《ず》2

先手《せんて》 図《ず》3

後手《ごて》 図《ず》4

持《も》ち駒《ごま》を使《つか》って相手玉《あいてぎょく》に迫《せま》る

先手《せんて》は竜《りゅう》で金《きん》を取《と》ることができますが、「終盤《しゅうばん》は駒《こま》の損得《そんとく》より速度《そくど》」です。価値《かち》が低《ひく》くても桂《けい》の方《ほう》を取《と》り、後手玉《ごてぎょく》に迫《せま》ります（図《ず》1）。後手《ごて》は竜《りゅう》と玉《ぎょく》の間《あいだ》に持《も》ち駒《ごま》の金《きん》を打《う》って王手《おうて》を逃《のが》れましたが（図《ず》2）、先手《せんて》は持《も》ち駒《ごま》の角《かく》を打《う》って連続《れんぞく》王手《おうて》をかけます（図《ず》3）。角《かく》の王手《おうて》から逃《に》げる後手玉《ごてぎょく》に対《たい》して、先手《せんて》はさらに持《も》ち駒《ごま》の桂《けい》も打《う》って王手《おうて》をかけ続《つづ》けます（図《ず》4）。

先手《せんて》　図《ず》1

▲先手　角金桂2歩

後手《ごて》　図《ず》2

▲先手　角金桂2歩

先手《せんて》　図《ず》3
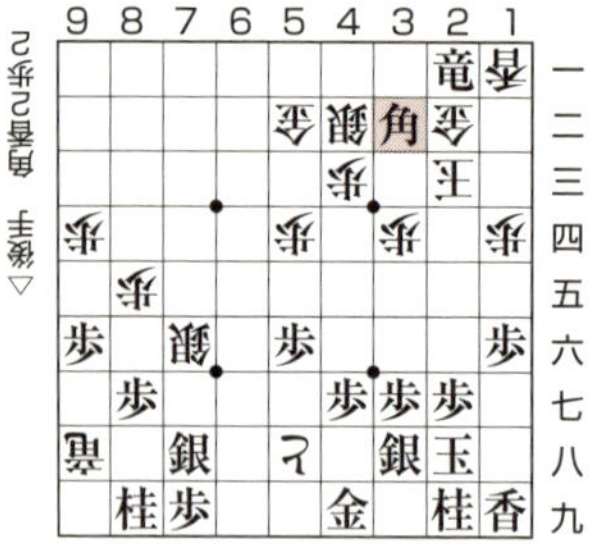
▲先手　金桂2歩

後手《ごて》▼先手《せんて》　図《ず》4

▲先手　金桂歩

相手玉《あいてぎょく》を詰《つ》ます

先手《せんて》の連続王手《れんぞくおうて》を受《う》けて、後手玉《ごてぎょく》は上部《じょうぶ》へ脱出《だっしゅつ》しようとしますが、先手《せんて》はもう一枚桂《いちまいけい》を打《う》って追《お》い討《う》ちをかけます（図《ず》1）。さらに上部《じょうぶ》へ逃《に》げてくる後手玉《ごてぎょく》に、先手《せんて》が今度《こんど》は金《きん》を打《う》って、狭《せま》い方《ほう》へと追《お》い詰《つ》めます（図《ず》2）。

玉《ぎょく》は一《ひと》つ左以外《ひだりいがい》に逃《に》げる場所《ばしょ》がありませんが（図《ず》3）、先手《せんて》は竜《りゅう》で金《きん》を取《と》って王手《おうて》。後手玉《ごてぎょく》は逃《に》げる場所《ばしょ》がなく、間《あいだ》に駒《こま》を打《う》っても竜《りゅう》で取《と》られて意味《いみ》がないので詰《つ》み（図《ず》4）。先手《せんて》の勝《か》ちとなりました。

図《ず》1　後手《ごて》▼先手《せんて》

▲先手　金歩　／　△後手　持駒なし

図《ず》2　後手《ごて》▼先手《せんて》

▲先手　歩　／　△後手　持駒なし

図《ず》3　後手《ごて》

▲先手　歩　／　△後手　持駒なし

図《ず》4　先手《せんて》

▲先手　金歩　／　△後手　持駒なし

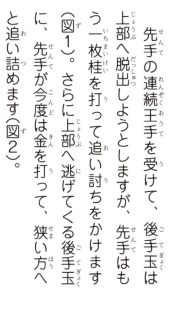

こらむ

「将棋《しょうぎ》を指《さ》す場所《ばしょ》」

将棋《しょうぎ》を指《さ》す相手《あいて》は最初《さいしょ》は家族《かぞく》や友人《ゆうじん》だと思《おも》います。しかし、さらに強《つよ》くなるにはいろいろな人《ひと》と指《さ》すのが良《よ》いでしょう。いろいろな人《ひと》と将棋《しょうぎ》を指《さ》せる場所《ばしょ》を紹介《しょうかい》します。

一《ひと》つ目《め》は将棋道場《しょうぎどうじょう》です。近所《きんじょ》に将棋道場《しょうぎどうじょう》があったら、行《い》ってみましょう。道場《どうじょう》では自分《じぶん》の実力《じつりょく》がわかり、何回《なんかい》も行《い》くことで強《つよ》くなれます。

将棋道場《しょうぎどうじょう》が近所《きんじょ》にない場合《ばあい》、オススメなのが将棋《しょうぎ》アプリとネット将棋《しょうぎ》です。ネット将棋《しょうぎ》では遠《とお》くに住《す》んでいる人《ひと》とも指《さ》せるので便利《べんり》ですが、直接会《ちょくせつあ》って指《さ》せないので感想戦《かんそうせん》がやりにくいなど不便《ふべん》な点《てん》もあります。

最後《さいご》に大会《たいかい》にも参加《さんか》してみましょう。本気《ほんき》で相手《あいて》と対局《たいきょく》すれば、自然《しぜん》と強《つよ》くなれます。

詰将棋《つめしょうぎ》

相手《あいて》の玉《ぎょく》を詰《つ》ませよう

王手《おうて》をして、相手《あいて》の玉《ぎょく》がどこに動《うご》いても次《つぎ》に取《と》られてしまう状態《じょうたい》のことを「詰《つ》み」といいます。相手《あいて》の玉《ぎょく》を詰《つ》ませてみましょう。

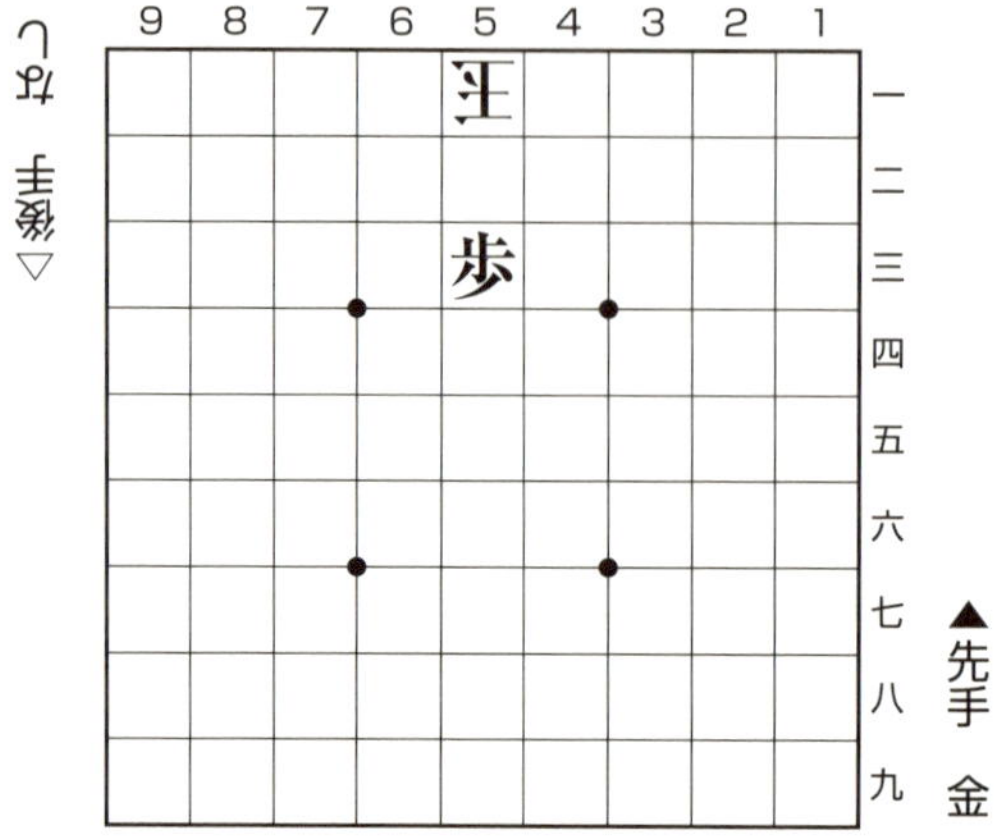

9 8 7 6 5 4 3 2 1
一 二 三 四 五 六 七 八 九
王
歩
▲先手　金
△後手　なし

図《ず》のように金《きん》を打《う》てば、相手《あいて》の玉《ぎょく》はどこにも動《うご》けず、「詰《つ》み」となります。王手《おうて》の連続《れんぞく》で相手《あいて》の玉《ぎょく》を詰《つ》ます問題《もんだい》を「詰将棋《つめしょうぎ》」と言《い》います。

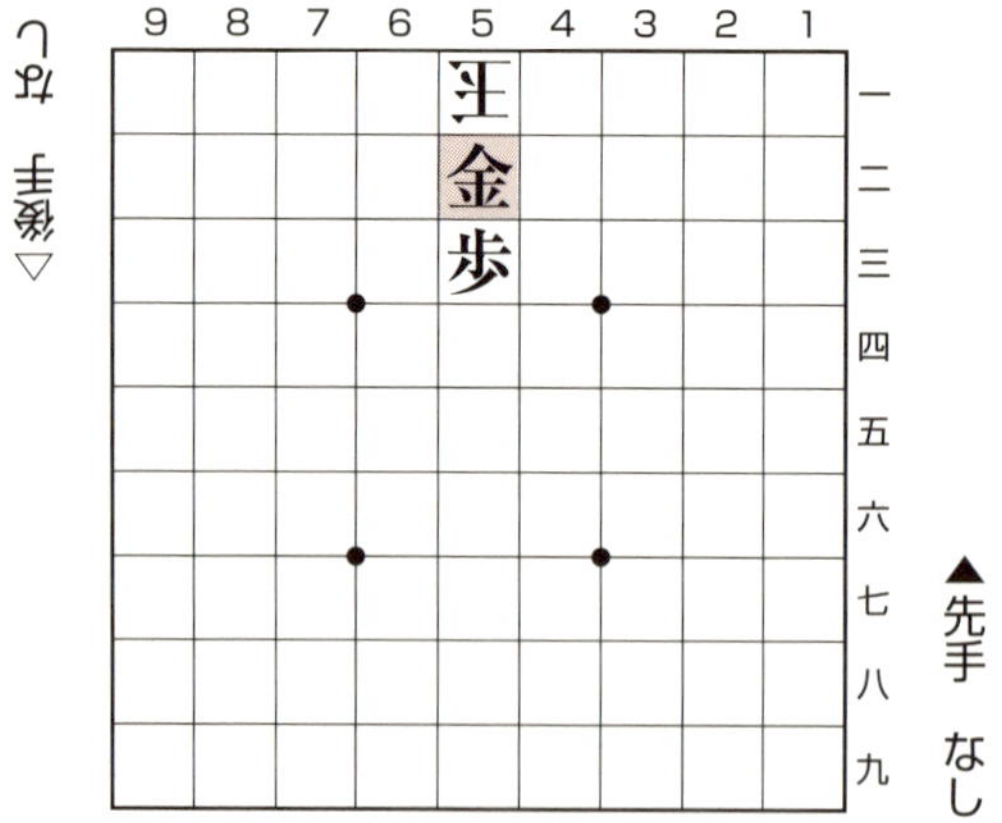

9 8 7 6 5 4 3 2 1
一 二 三 四 五 六 七 八 九
王
金
歩
▲先手　なし
△後手　なし

一手詰《いってづ》め　問題《もんだい》(1)(2)

一手詰《いってづ》め　問題《もんだい》(1)
一手詰《いってづ》め　問題《もんだい》(2)

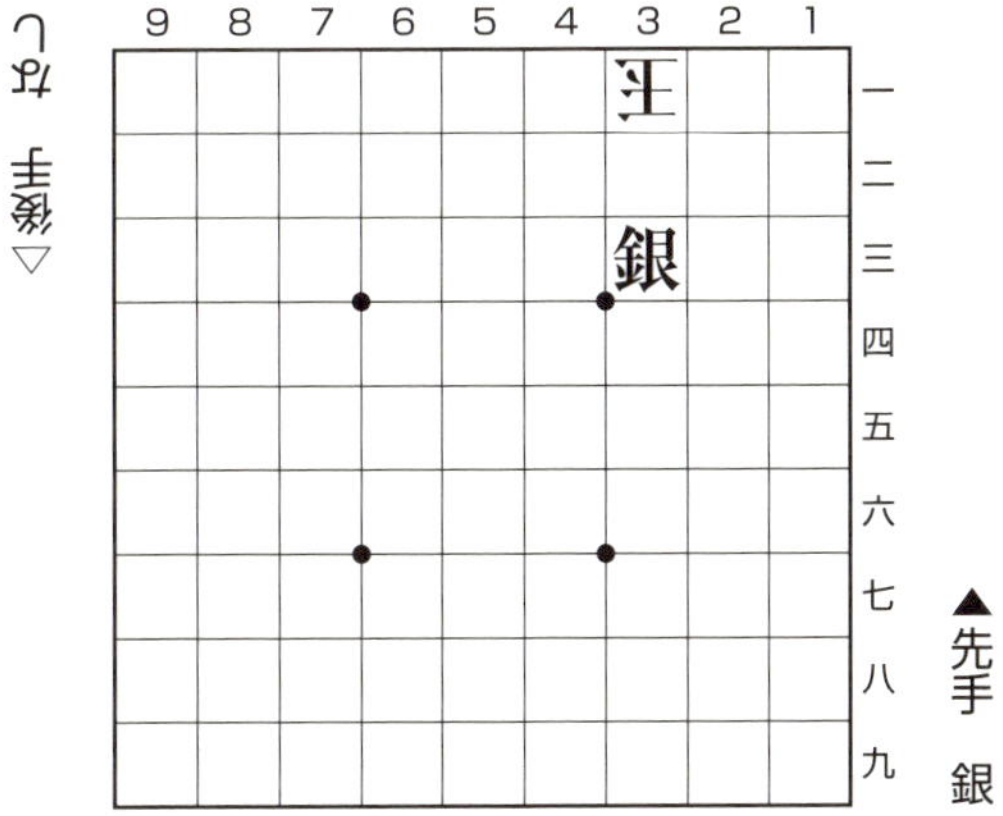

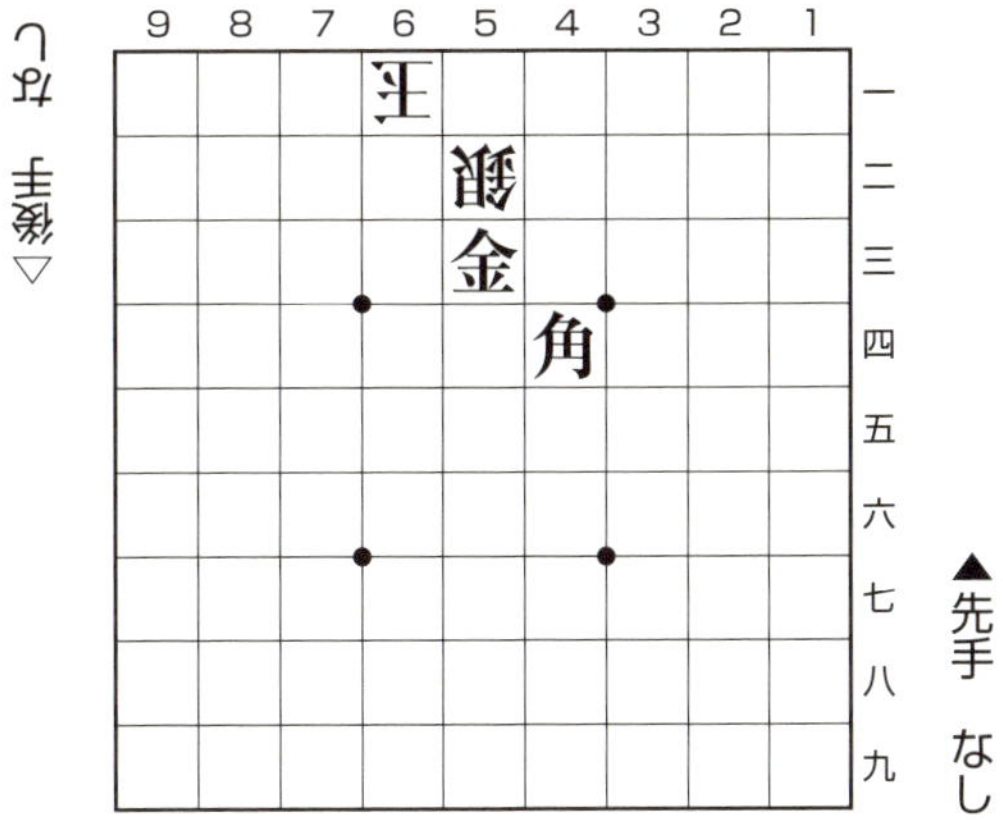

一手詰《いってづ》め 問題《もんだい》(1)(2) 答《こた》え

一手詰《いってづ》め　問題《もんだい》(1)　答《こた》え

玉《ぎょく》の頭《あたま》に銀《ぎん》を打《う》てば、相手玉《あいてぎょく》はどこにも逃《に》げられず詰《つ》みになります。ほかの場所《ばしょ》に銀《ぎん》を打《う》つと逃《に》げられてしまいます。

一手詰《いってづ》め　問題《もんだい》(2)　答《こた》え

角《かく》の利《き》きを利用《りよう》して金《きん》で王手《おうて》すれば詰《つ》みです。銀《ぎん》を取《と》ってしまうと玉《ぎょく》に取《と》り返《かえ》されてしまいます。

正解《せいかい》(1)

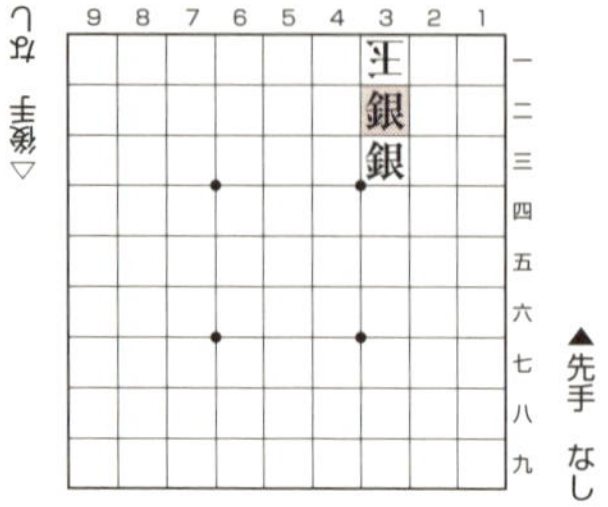

失敗例《しっぱいれい》(1)

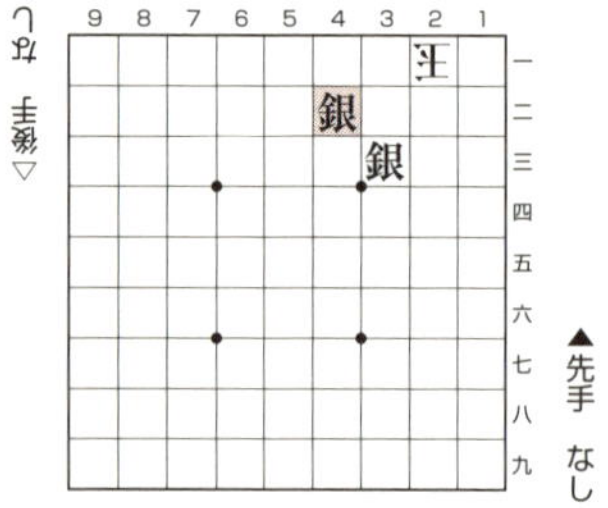

正解《せいかい》(2)

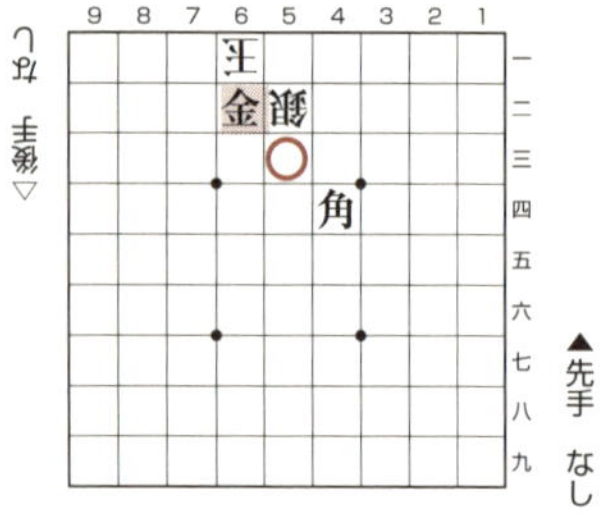

失敗例《しっぱいれい》(2)

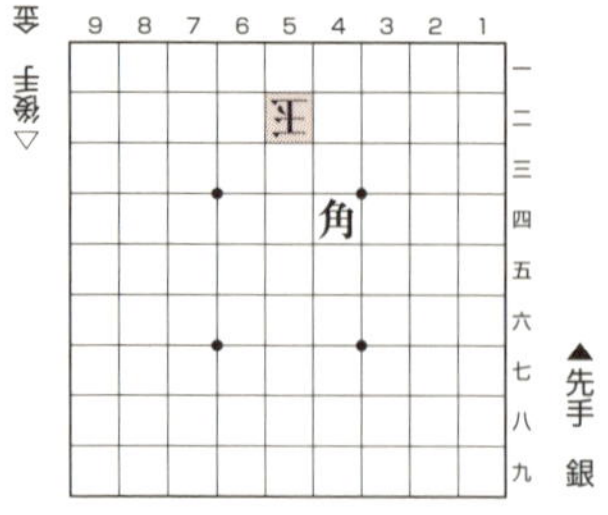

一手詰《いってづ》め　問題《もんだい》(3)(4)

一手詰《いってづ》め　問題《もんだい》(3)

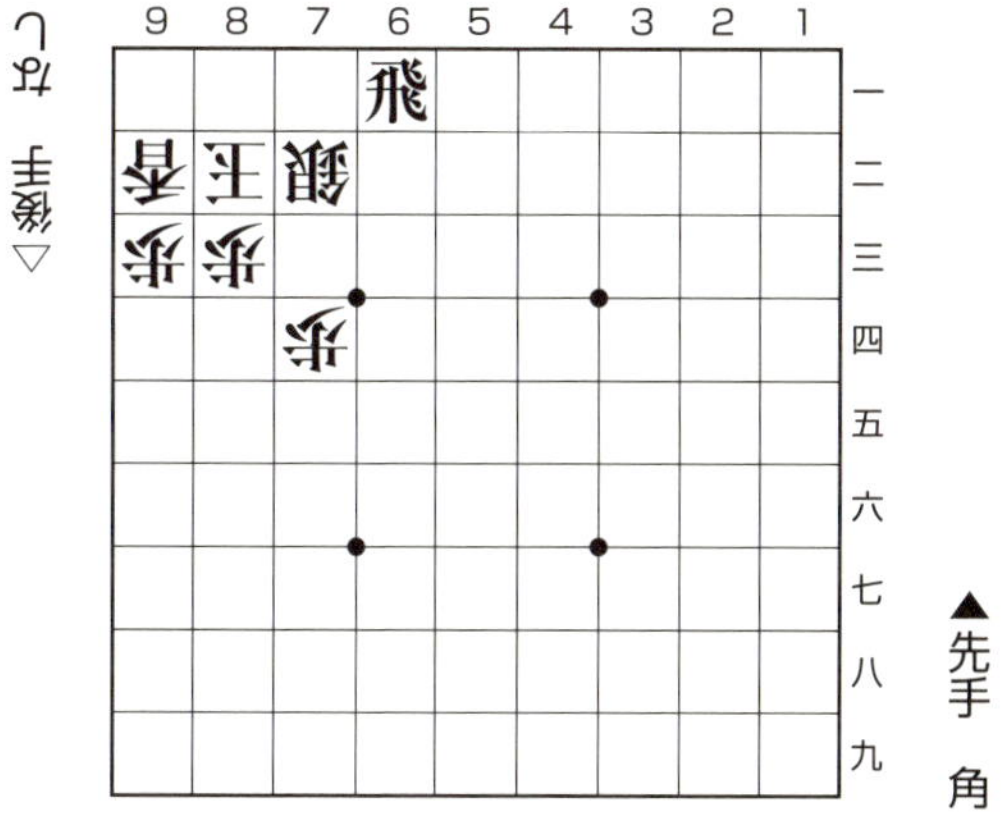

一手詰《いってづ》め　問題《もんだい》(4)

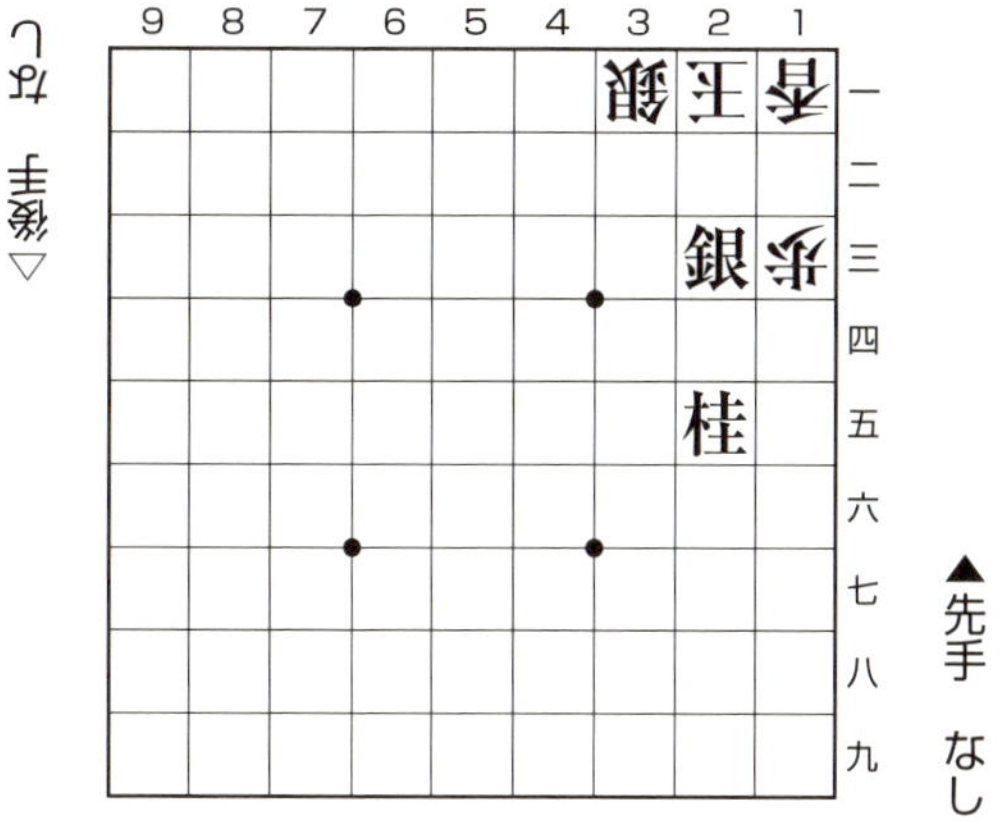

一手詰《いってづ》め　問題《もんだい》(3)(4)　答《こた》え

一手詰《いってづ》め　問題《もんだい》(3)　答《こた》え

玉《ぎょく》の斜《なな》めうしろから角《かく》を打《う》ちます。角《かく》の利《き》きが強力《きょうりょく》で玉《ぎょく》は上部《じょうぶ》へと逃《に》げられません。反対側《はんたいがわ》から打《う》つと、逃《に》げられてしまいます。

一手詰《いってづ》め　問題《もんだい》(4)　答《こた》え

桂《けい》を不成《ならず》で入《はい》って王手《おうて》するのがポイントです。ただし歩《ふ》を取《と》ってしまうと香《きょう》で取《と》り返《かえ》されて失敗《しっぱい》です。

正解《せいかい》(3)

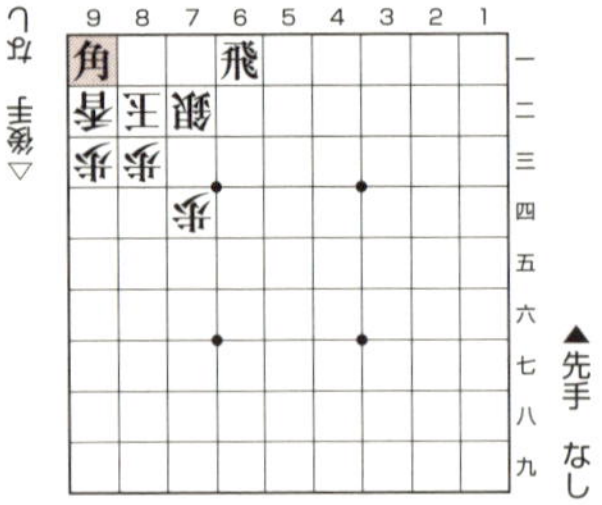
▲先手　なし
△後手　なし

失敗例《しっぱいれい》(3)

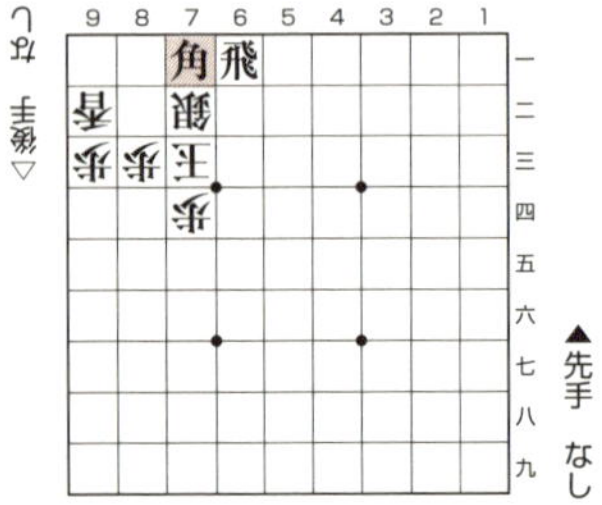
▲先手　なし
△後手　なし

正解《せいかい》(4)

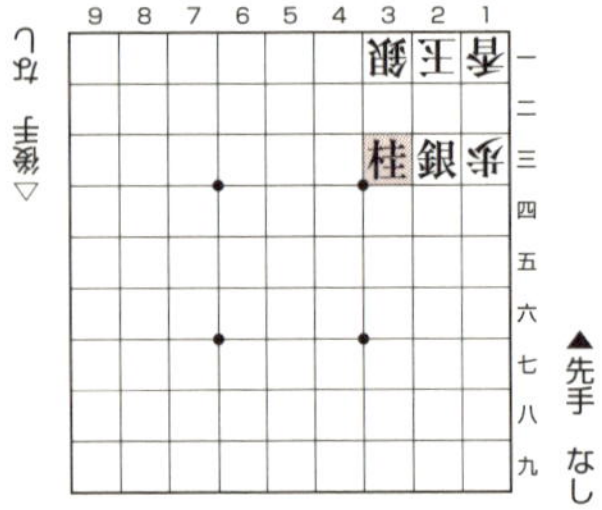
▲先手　なし
△後手　なし

失敗例《しっぱいれい》(4)

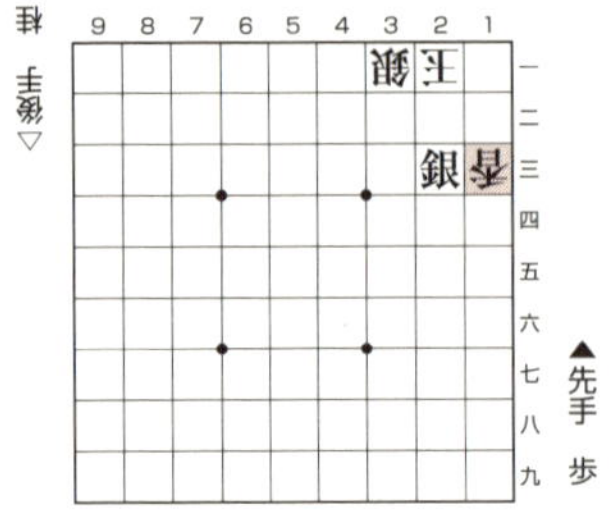
▲先手　歩
△後手　桂

一手詰《いってづ》め　問題《もんだい》(5)(6)

一手詰《いってづ》め　問題《もんだい》(5)

後手　なし

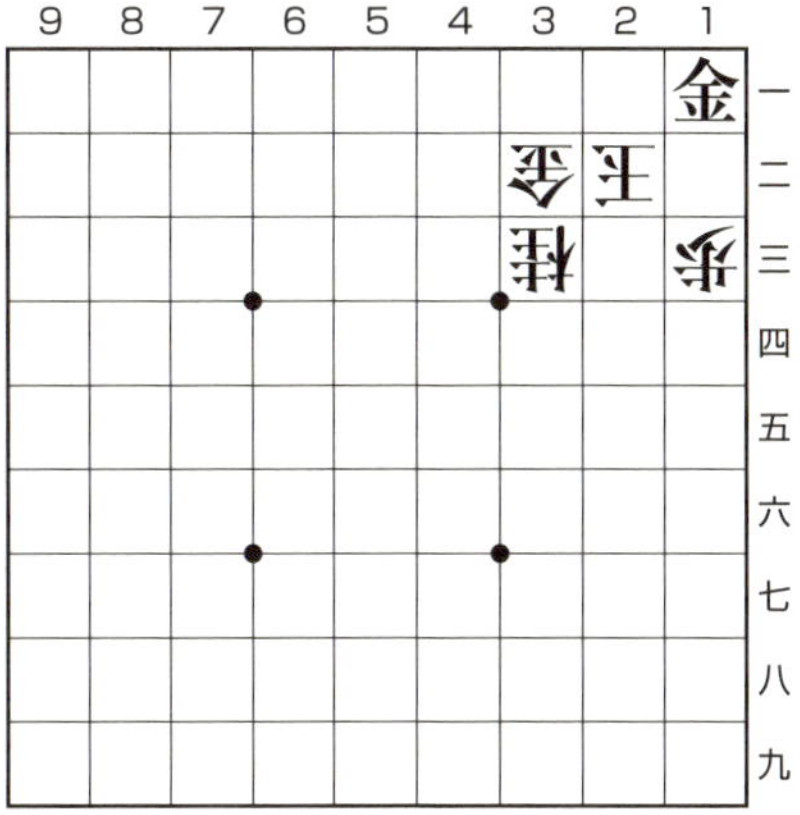

先手　飛

一手詰《いってづ》め　問題《もんだい》(6)

後手　なし

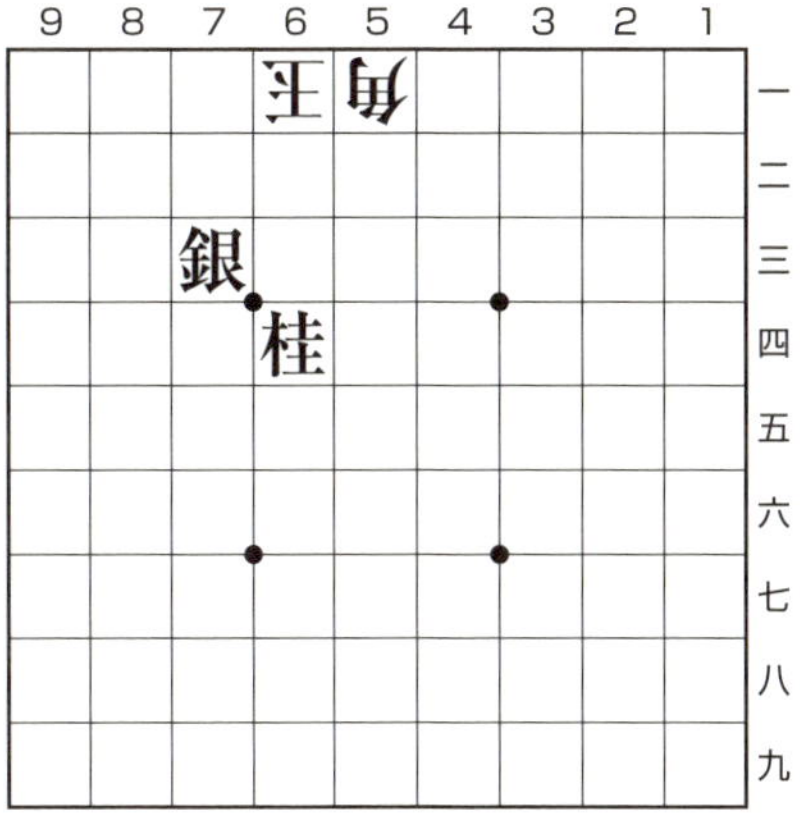

先手　なし

一手詰《いってづ》め　問題《もんだい》(5)(6)　答《こた》え

一手詰《いってづ》め　問題《もんだい》(5)　答《こた》え

飛《ひ》を玉《ぎょく》の下《した》から打《う》ちます。飛《ひ》の利《き》きが強力《きょうりょく》で玉《ぎょく》は上《うえ》へと逃《に》げられません。

飛《ひ》を他《た》のところに打《う》つと上部《じょうぶ》へ逃《に》げられてしまいます。

一手詰《いってづ》め　問題《もんだい》(6)　答《こた》え

銀《ぎん》を成《な》って王手《おうて》すれば詰《つ》みです。桂《けい》を成《な》ってしまうと中央《ちゅうおう》へと逃《に》げられて失敗《しっぱい》です。

正解《せいかい》(5)

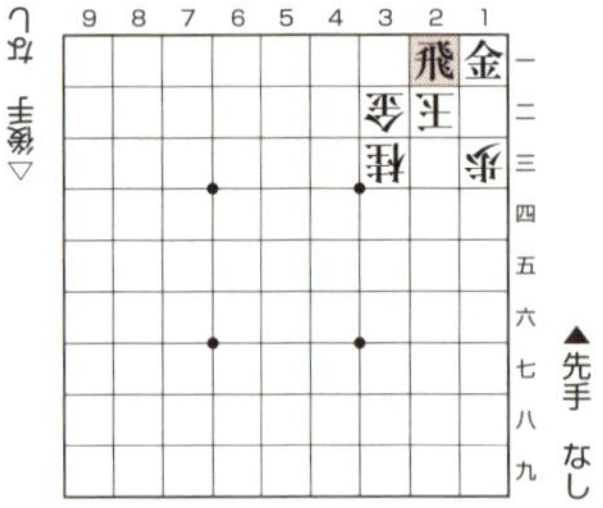
▲先手　なし

失敗例《しっぱいれい》(5)

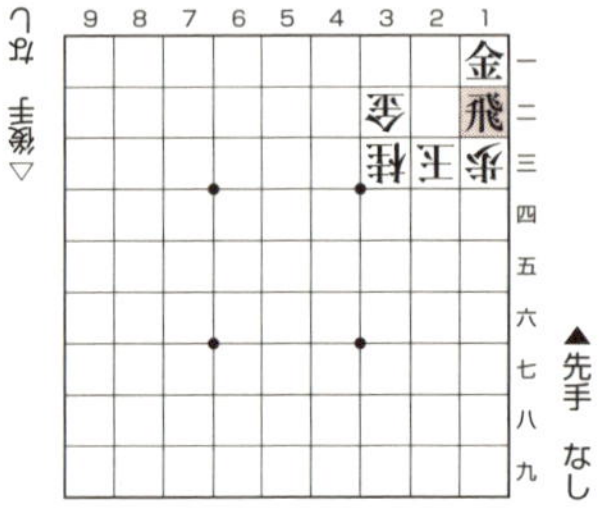
▲先手　なし

正解《せいかい》(6)

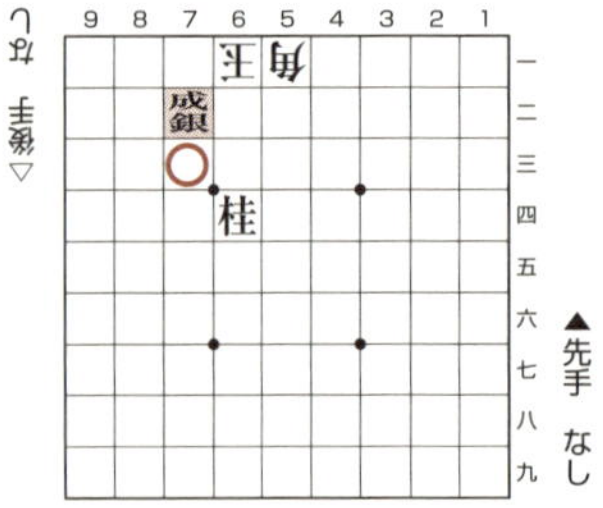
▲先手　なし

失敗例《しっぱいれい》(6)

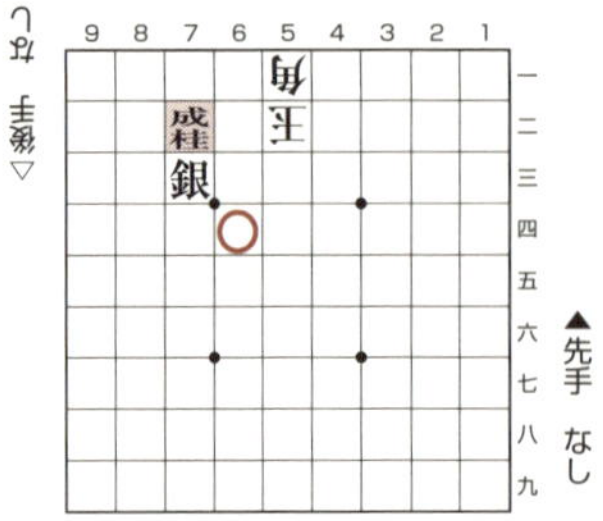
▲先手　なし

一手詰《いってづ》め　問題《もんだい》(7)(8)

一手詰《いってづ》め　問題《もんだい》(7)

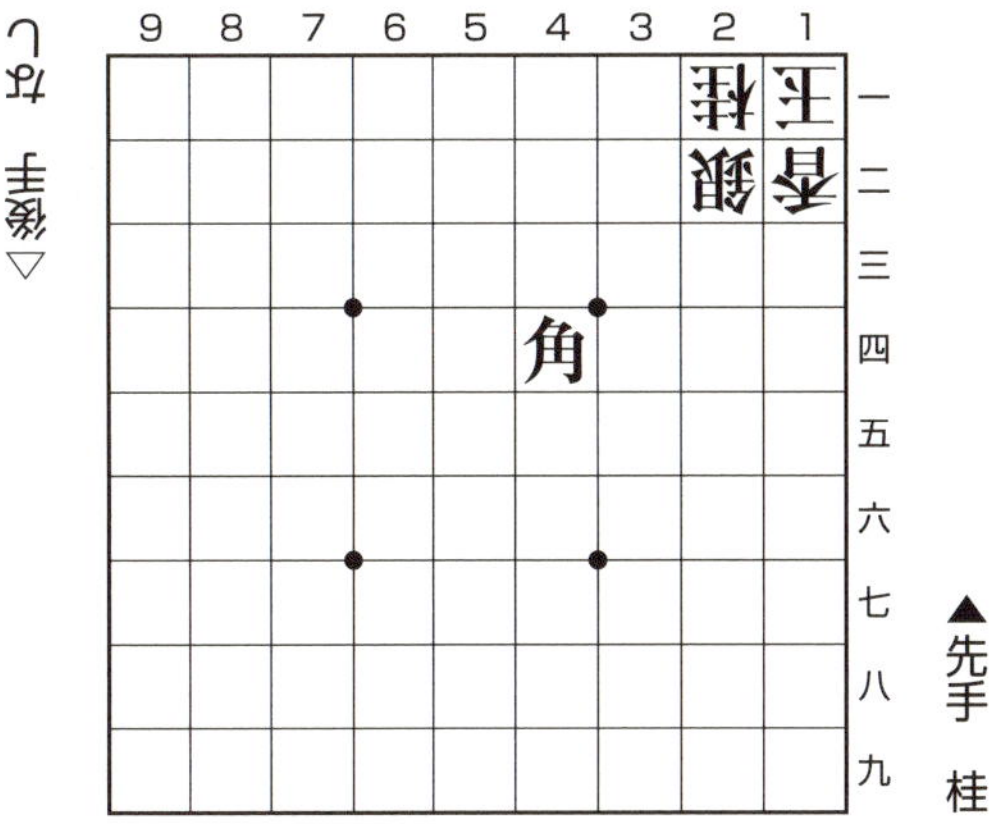

一手詰《いってづ》め　問題《もんだい》(8)

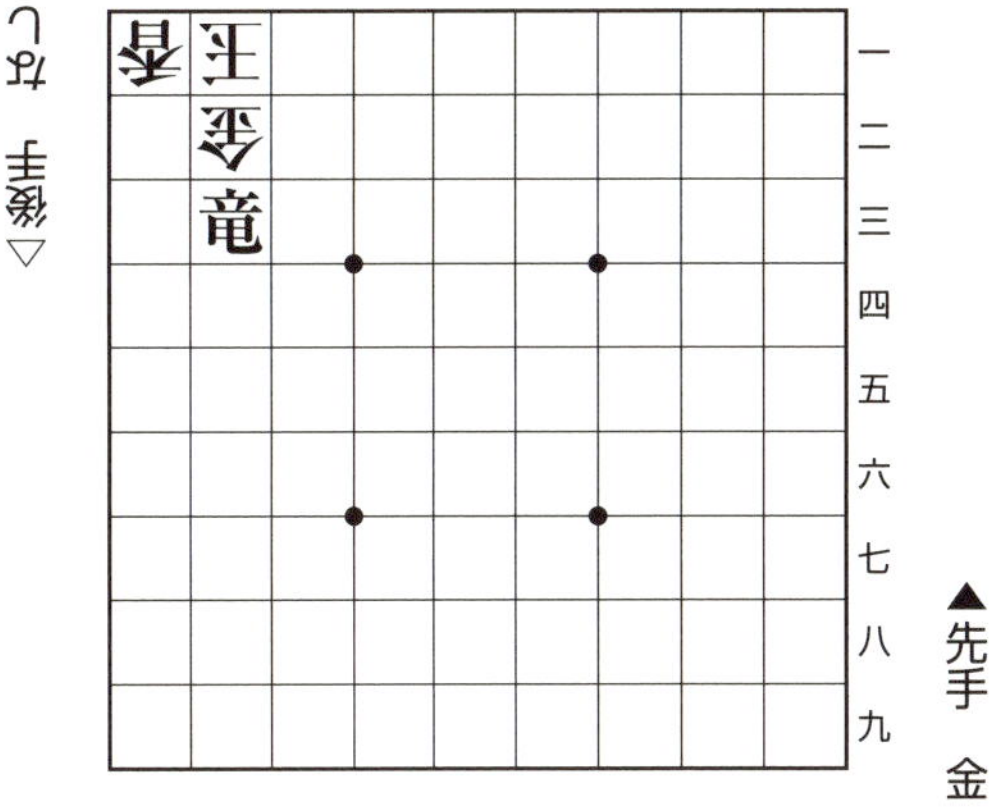

一手詰《いってづ》め　問題《もんだい》(7)(8)　答《こた》え

一手詰《いってづ》め　問題《もんだい》(7)　答《こた》え

桂《けい》を打《う》って王手《おうて》すれば詰《つ》みです。銀《ぎん》で取《と》られるようですが、玉《ぎょく》が角《かく》で取《と》られてしまうので銀《ぎん》は動《うご》けません。

一手詰《いってづ》め　問題《もんだい》(8)　答《こた》え

玉《ぎょく》の斜《なな》めに金《きん》を打《う》ちます。相手《あいて》の金《きん》で取《お》られるようですが竜《りゅう》で玉《ぎょく》を取《と》られてしまうので、相手《あいて》の金《きん》は動《うご》けません。玉《ぎょく》の横《よこ》から打《う》つと、玉《ぎょく》で取《と》られてしまいます。

正解《せいかい》(7)

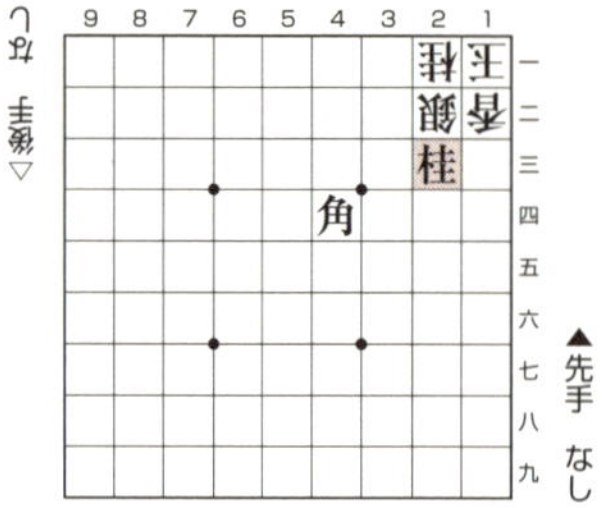

(7)

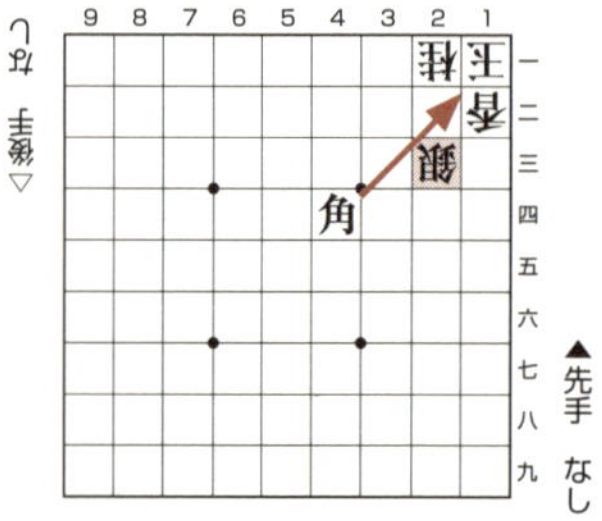

正解《せいかい》(8)

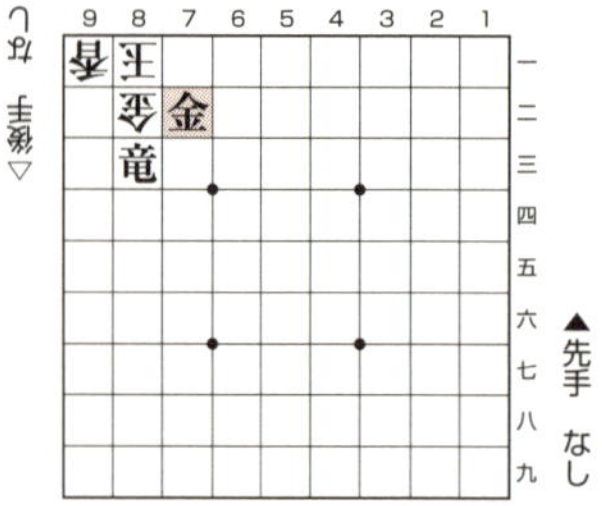

(8)

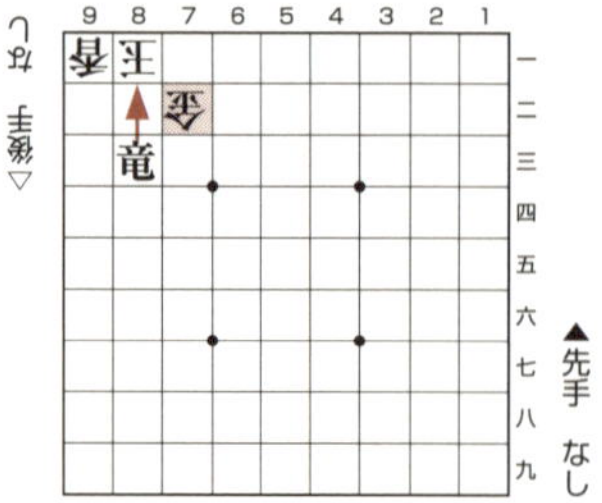

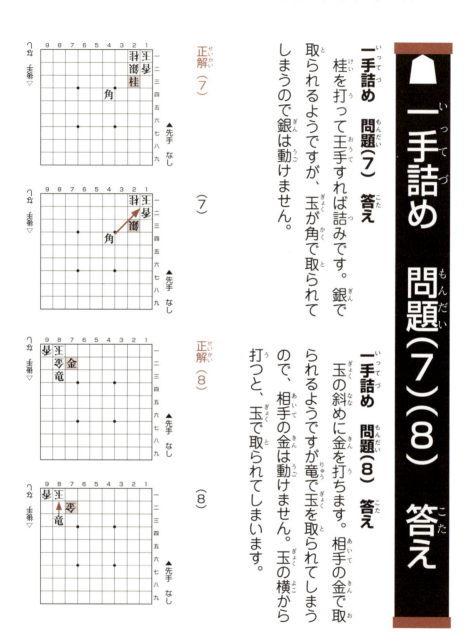

一手詰《いってづ》め　問題《もんだい》(9)(10)

一手詰《いってづ》め　問題《もんだい》(9)

▽後手　なし

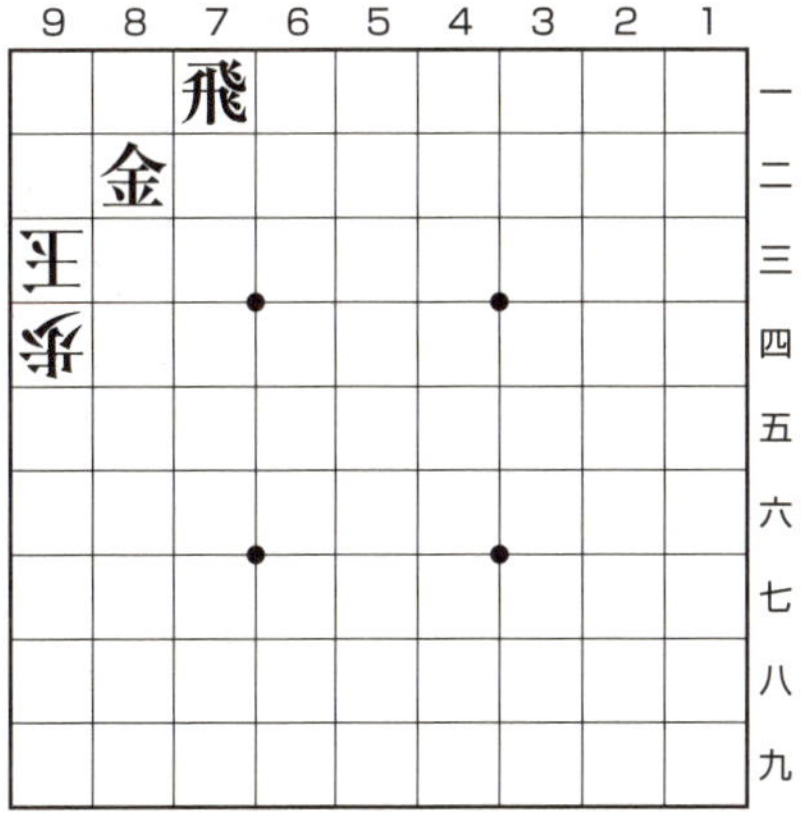

▲先手　なし

一手詰《いってづ》め　問題《もんだい》(10)

▽後手　なし

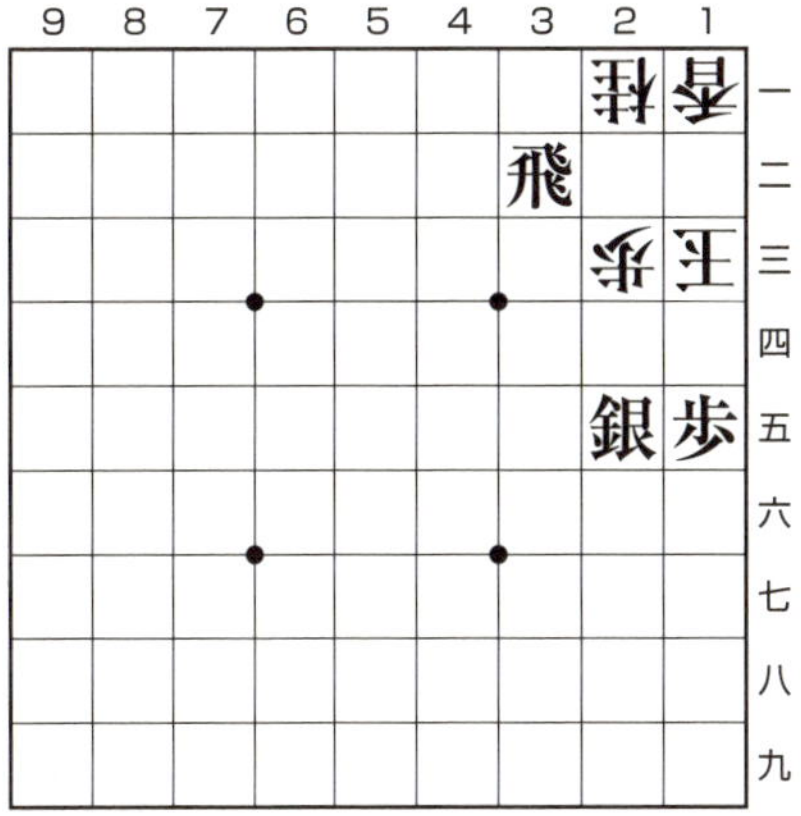

▲先手　なし

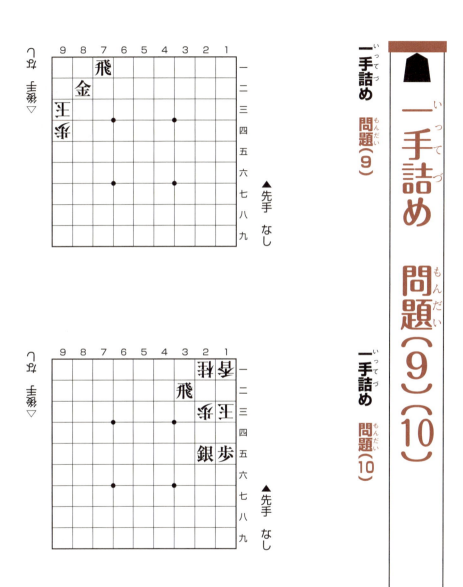

一手詰《いってづ》め　問題《もんだい》（9）（10）　答《こた》え

一手詰《いってづ》め　問題《もんだい》(9)　答《こた》え

飛《ひ》を三段目《さんだんめ》に成《な》って王手《おうて》すれば詰《つ》みです。飛《ひ》を一段目《いちだんめ》に成《な》ってしまうと上《うえ》へと逃《に》げられてしまいます。

一手詰《いってづ》め　問題《もんだい》(10)　答《こた》え

歩《ふ》で王手《おうて》するのがポイントで、銀《ぎん》で王手《おうて》すると上《うえ》へと逃《に》げられてしまいます。打《う》ち歩詰《ふづ》めは反則《はんそく》ですが、突《つ》き歩詰《ふづ》めは反則《はんそく》ではありません。

正解《せいかい》(9)

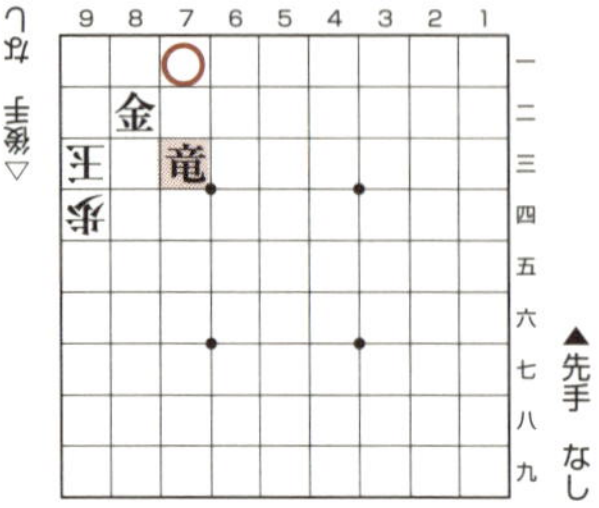
▲先手　なし

失敗例《しっぱいれい》(9)

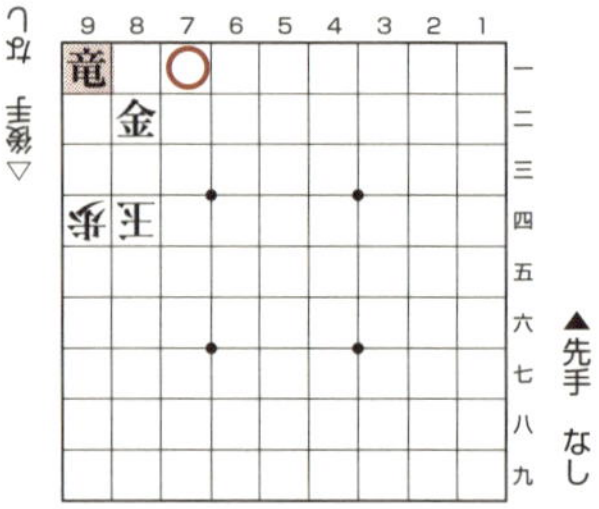
▲先手　なし

正解《せいかい》(10)

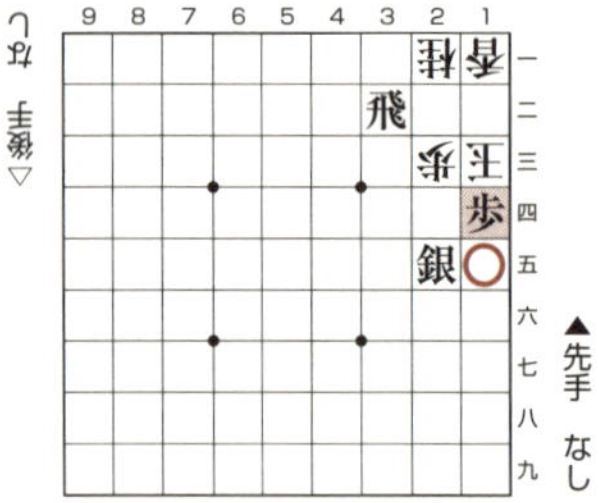
▲先手　なし

失敗例《しっぱいれい》(10)

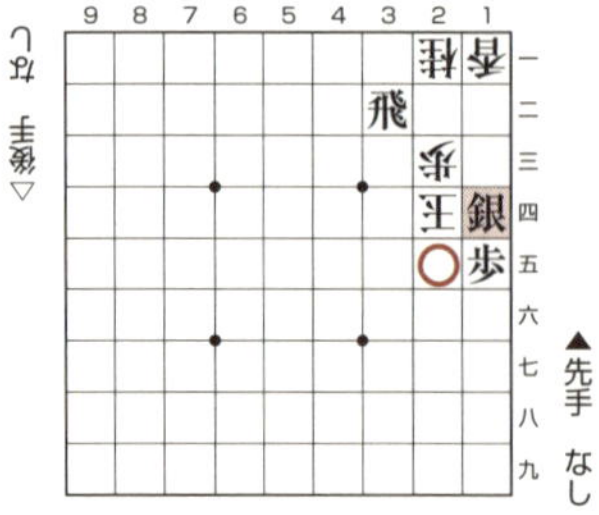
▲先手　なし

一手詰《いってづ》め　問題《もんだい》(11)(12)

一手詰《いってづ》め　問題《もんだい》(11)

△後手　歩

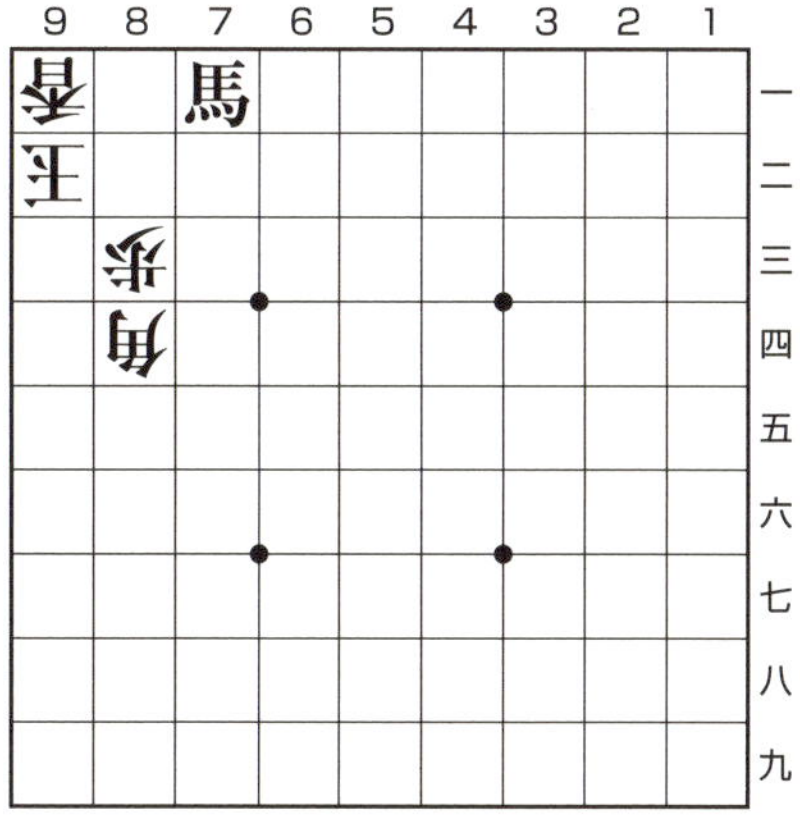

▲先手　飛

一手詰《いってづ》め　問題《もんだい》(12)

△後手　なし

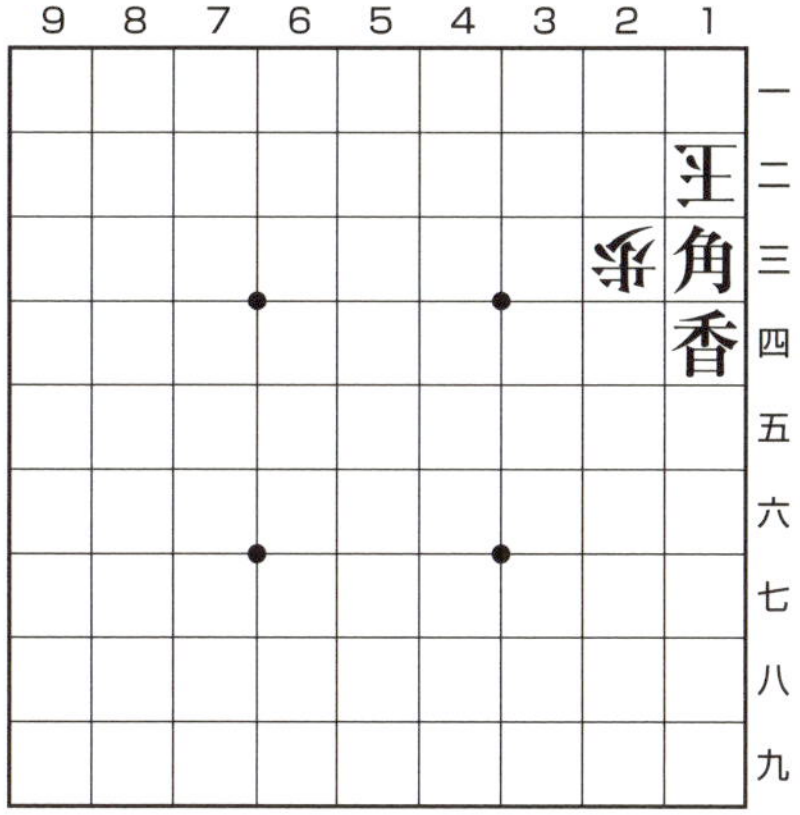

▲先手　なし

一手詰《いってづ》め 問題《もんだい》(11)(12) 答《こた》え

一手詰《いってづ》め 問題《もんだい》(11) 答《こた》え

飛《ひ》を離《はな》して打《う》てば詰《つ》みです。近《ちか》づけて打《う》ってしまうと上部《じょうぶ》へと逃《に》げられてしまい、失敗《しっぱい》です。

一手詰《いってづ》め 問題《もんだい》(12) 答《こた》え

角《かく》を一段目《いちだんめ》に成《な》れば香《きょう》の利《き》きが通《とお》って詰《つ》みとなります。角《かく》をほかのところへ成《な》ってしまうと中央《ちゅうおう》へと逃《に》げられてしまいます。

正解《せいかい》(11)

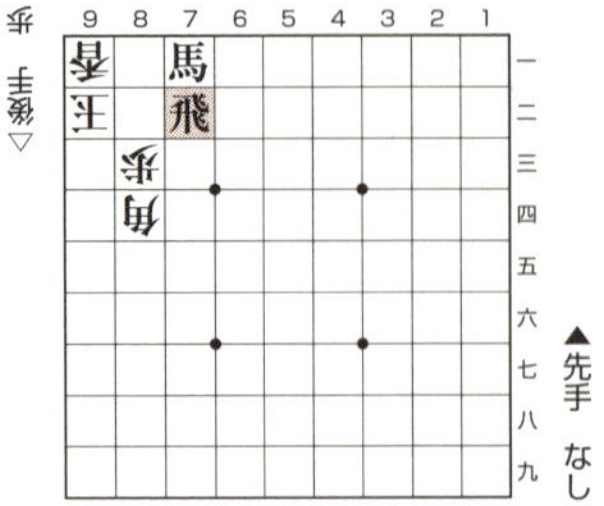

▲先手 なし
△後手 歩

失敗例《しっぱいれい》(11)

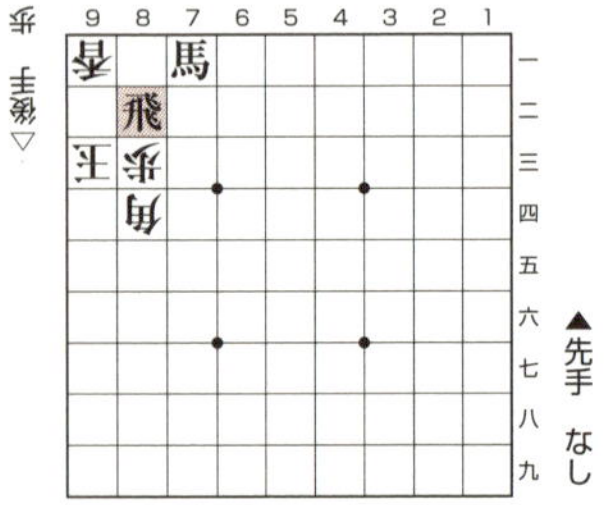

▲先手 なし
△後手 歩

正解《せいかい》(12)

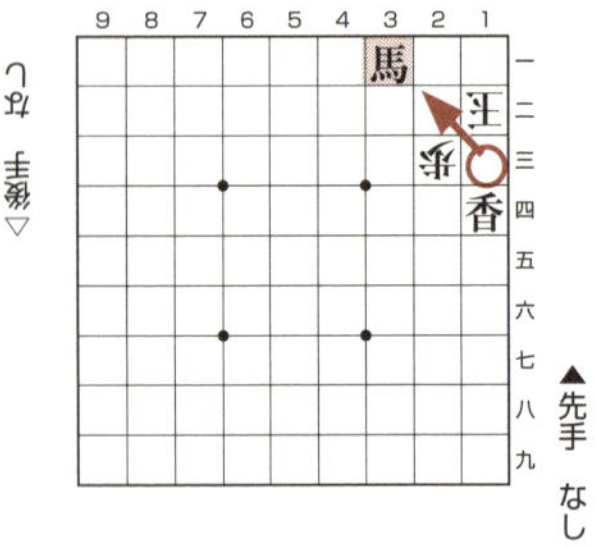

▲先手 なし
△後手 なし

失敗例《しっぱいれい》(12)

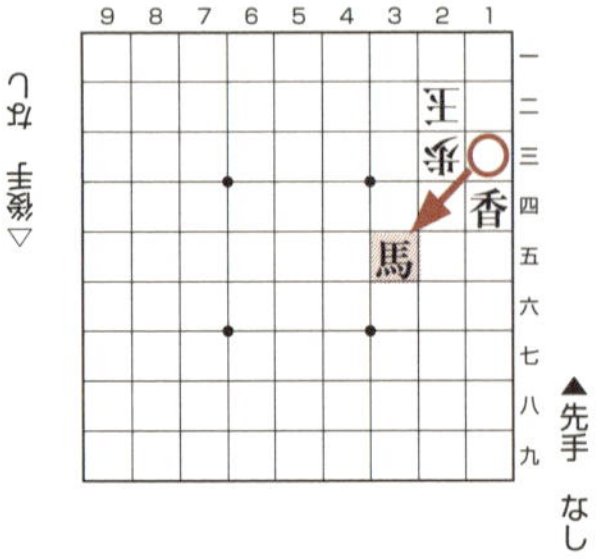

▲先手 なし
△後手 なし

詰将棋《つめしょうぎ》　一手詰《いってづ》め　問題《もんだい》(13)(14)

一手詰《いってづ》め　問題《もんだい》(13)(14)

一手詰《いってづ》め　問題《もんだい》(13)

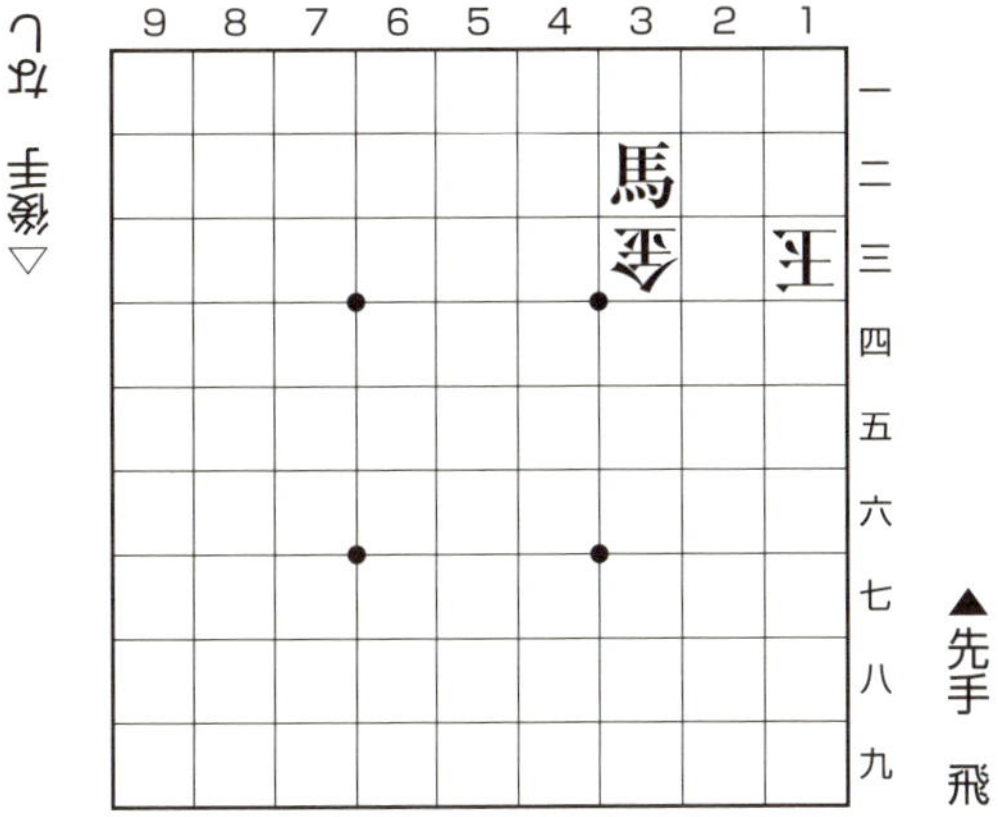

一手詰《いってづ》め　問題《もんだい》(14)

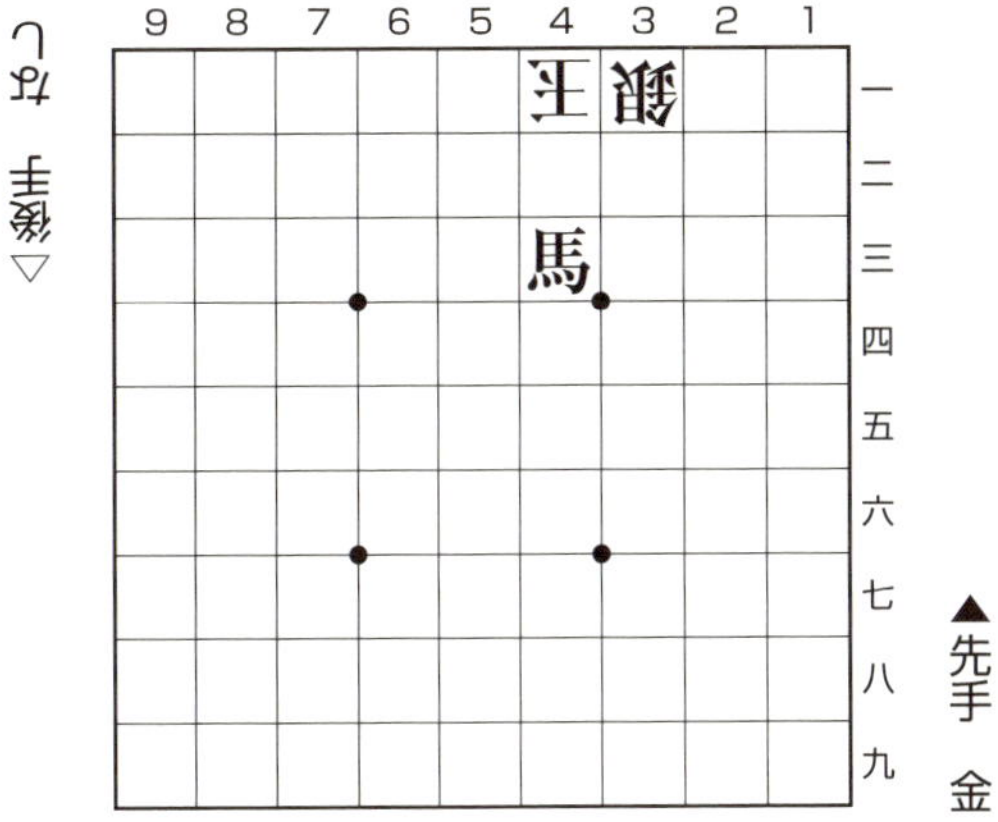

一手詰《いってづ》め　問題《もんだい》(13)(14)　答《こた》え

一手詰《いってづ》め　問題《もんだい》(13)　答《こた》え

飛《ひ》を玉《ぎょく》の正面《しょうめん》に打《う》つ手《て》が正解《せいかい》です。離《はな》れた場所《ばしょ》から打《う》つのは上部《じょうぶ》へと逃《に》げられてしまい失敗《しっぱい》です。

一手詰《いってづ》め　問題《もんだい》(14)　答《こた》え

金《きん》を玉《ぎょく》の斜《なな》めから打《う》つ手《て》が正解《せいかい》です。「肩金《かたきん》」と言《い》います。玉《ぎょく》の正面《しょうめん》から打《う》つ「頭金《あたまきん》」は詰《つ》みの基本《きほん》ですが、この場合《ばあい》は守《まも》りの銀《ぎん》で取《と》り返《かえ》されます。

正解《せいかい》(13)

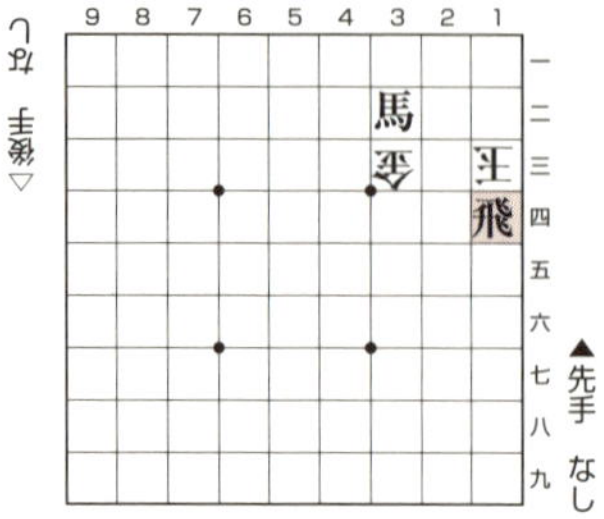

失敗例《しっぱいれい》(13)

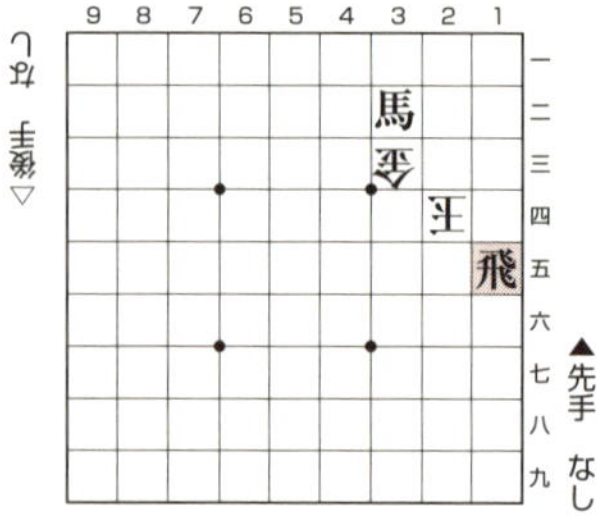

正解《せいかい》(14)

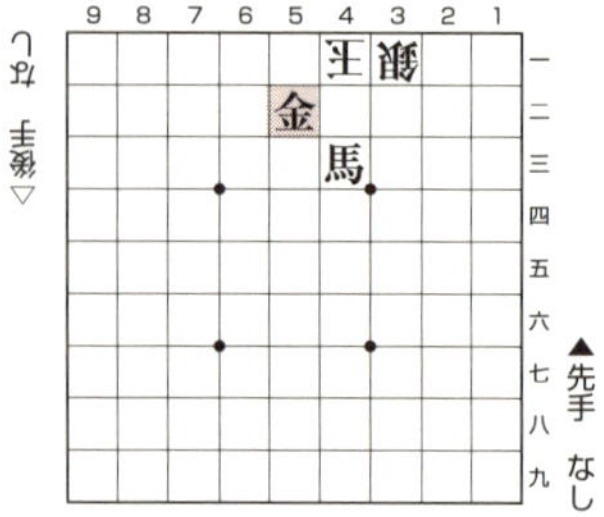

失敗例《しっぱいれい》(14)

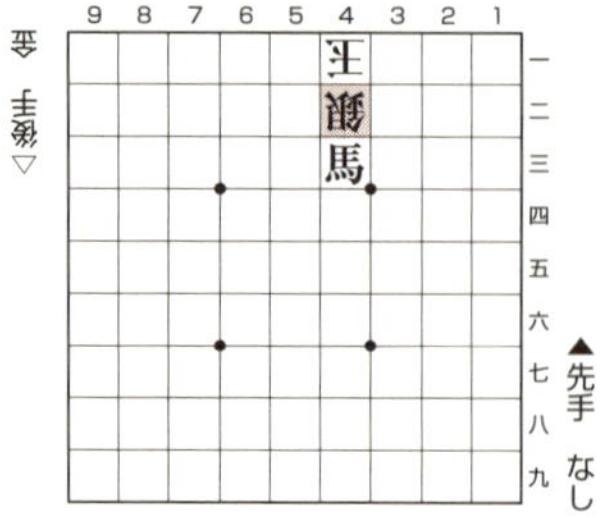

三《さん》手《て》詰《づ》め　問題《もんだい》

三《さん》手《て》詰《づ》め　問題《もんだい》

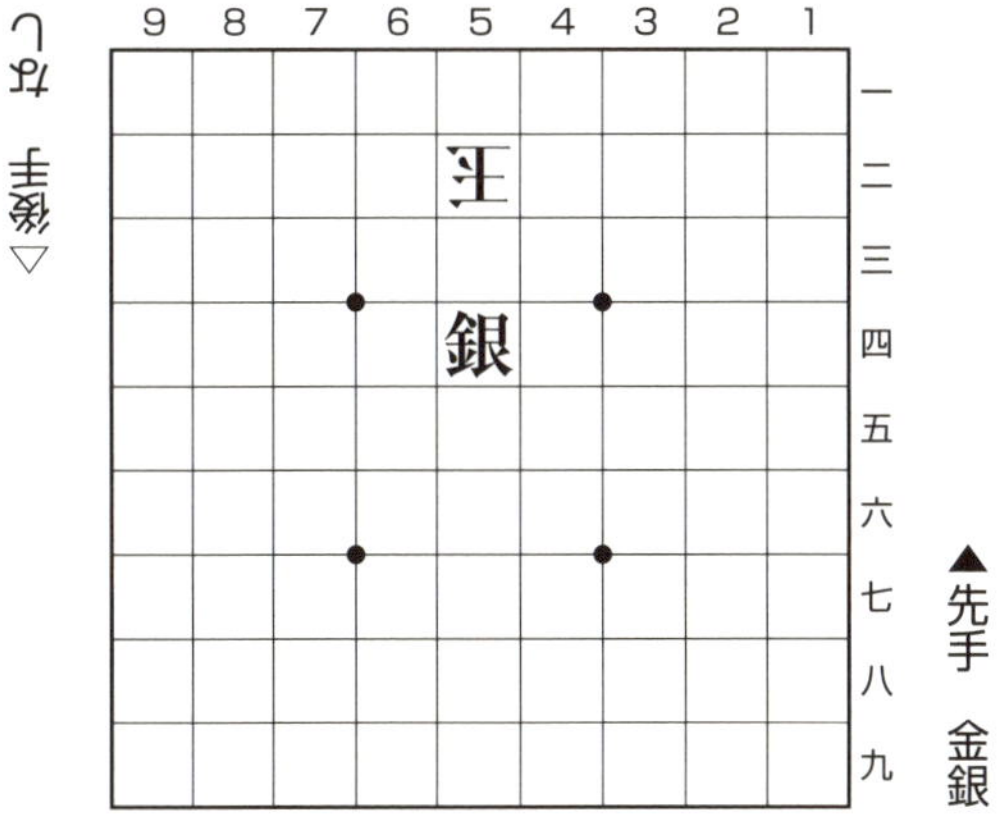

三手詰《さんてづ》め　問題《もんだい》　答《こた》え

三手詰《さんてづ》め　答《こた》え

「金《きん》はトドメに残《のこ》せ」という格言《かくげん》があります。この格言《かくげん》に従《したが》ってまずは銀《ぎん》を玉《ぎょく》の頭《あたま》に打《う》ちます①。玉《ぎょく》は一段目《いちだんめ》に逃《に》げるしかないですが、どこに逃《に》げても図《ず》のように玉《ぎょく》の正面《しょうめん》に金《きん》を打《う》って②③詰《つ》みとなります。最初《さいしょ》に金《きん》を打《う》ってしまうと銀《ぎん》の横《よこ》に逃《に》げられて詰《つ》みません。

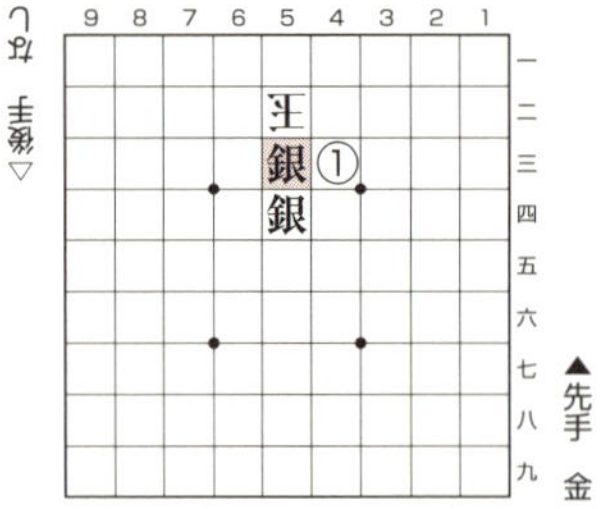

正解《せいかい》①

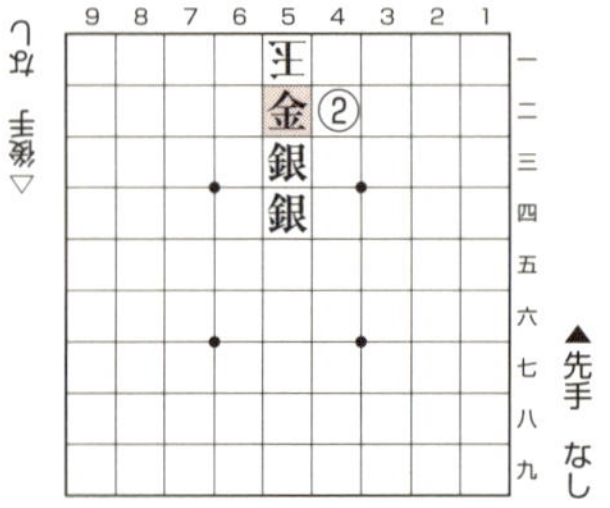

正解《せいかい》②

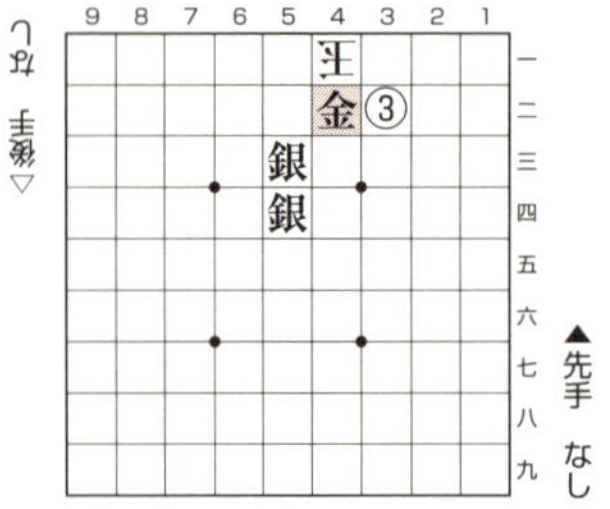

正解《せいかい》③

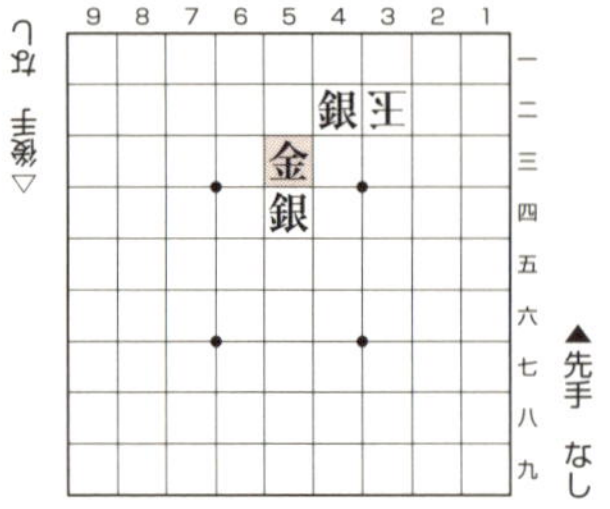

失敗例《しっぱいれい》

知《し》っておきたいマナーとルール ＋プラス

駒《こま》の持《も》ち方《かた》

将棋《しょうぎ》を指《さ》すとき、駒《こま》の持《も》ち方《かた》はどのようにしたら良《よ》いのでしょうか。

プロ棋士《きし》の「手《て》つき」を見《み》てみると、

（1）駒《こま》を中指《なかゆび》で上《うえ》から押《お》さえながら

（2）人差《ひとさ》し指《ゆび》と薬指《くすりゆび》で左右《さゆう》から挟《はさ》み

（3）親指《おやゆび》を下《した》から添《そ》えるようにして持《も》ち上げて

（4）最後《さいご》は中指《なかゆび》を上《うえ》、人差《ひとさ》し指《ゆび》を下《した》にして駒《こま》を挟《はさ》み、盤《ばん》の上《うえ》に置《お》く

という人《ひと》が多《おお》いようです。

「ピシッ」といい音《おと》を立《た》てながら指《さ》せるとかっこいいですし、なんだか強《つよ》そうにも見《み》えるものです。テレビなどでプロ棋士《きし》の対局《たいきょく》を視《み》るときは、どんな駒《こま》の持《も》ち方《かた》をしているか、チェックしてみると良《よ》いでしょう。

「いろいろな反則《はんそく》」

将棋《しょうぎ》のルールやマナーについては、これまで読《よ》んでいただいた通《とお》りですが、本《ほん》文《ぶん》で書《か》ききれなかった反則《はんそく》について、簡《かん》単《たん》に補足《ほそく》します。

二《に》手《て》指《ざ》し

将棋《しょうぎ》は相手《あいて》と自分《じぶん》が順番《じゅんばん》に指《さ》すのが大切《たいせつ》なルールです（P35）。これを間違《まちが》えて2回続《かいつづ》けて指《さ》してしまうことを「二手指《にてざ》し」と言《い》って、反則負《はんそくま》けになります。相手《あいて》が考《かんが》えているときはじっと待《ま》っていることも、将棋《しょうぎ》で大切《たいせつ》なことのひとつです。

駒《こま》の動《うご》きを間違《まちが》えてしまう

将棋《しょうぎ》の駒《こま》は、それぞれ動《うご》けるところが決《き》まっています（P18～24）。特《とく》に覚《おぼ》えたばかりのときは、しっかり練習《れんしゅう》して、動《うご》き方《かた》を間違《まちが》えないように注意《ちゅうい》しましょう。ほかに、成《な》れない場所《ばしょ》で成《な》ってしまう、などもよくある反則《はんそく》なので、注意《ちゅうい》が必要《ひつよう》です。

王手放置《おうてほうち》

将棋《しょうぎ》は先《さき》に王《おう》を取《と》ったほうが勝《か》ち、というゲームです。もし、王手《おうて》をかけられたら、防《ふせ》がないと負《ま》けになってしまいます。なお、間違《まちが》いやすいところですが「王手《おうて》」を言《い》う必要《ひつよう》はありません（むしろ言《い》わないのが正式《せいしき》なマナーです）。相手《あいて》がどこに指《さ》してきたかをよく見《み》て、王手《おうて》を見逃《みのが》さないように気《き》をつけましょう。

●参考資料

『将棋入門ドリル ステップ 1 〜 3』(日本将棋連盟公式ドリル、くもん出版)

『ラクラク次の一手―基本手筋集』(日本将棋連盟編)

『将棋のルール 完全マスター―楽しくおぼえる入門編 (強くなる! 超カンタン将棋入門)』(川北　亮司・著、日本将棋連盟・監修、金の星社)

『「次の一手」で覚える将棋基本手筋コレクション 432』(将棋世界編、マイナビ出版)

『ラクラク詰将棋―基本手筋集』(日本将棋連盟)

『将棋の基本 完全マスター―勝つためのテクニック (強くなる! 超カンタン将棋入門)』(川北　亮司・著、日本将棋連盟・監修、金の星社)

『3 手 1 組プロの技』(片上　大輔・著、毎日コミュニケーションズ)

日本将棋連盟ホームページ　https://www.shogi.or.jp

●写真

日本将棋連盟

東京大学将棋部

遊歩楽心・aki・artswai・佐竹 美幸・BOND・YN・Shappyphoto・しげぱぱ・Fast&Slow：PIXTA

勝つための将棋　入門編

構成・原稿執筆　東京大学将棋部

2018年9月初版
2018年9月第１刷発行

監　修	片上　大輔
監修補佐	十時　博信（東京大学将棋部OB）
	金子　タカシ（東京大学将棋部OB会会長）
構成・原稿執筆	東京大学将棋部
	淡路弘喜、加藤寿美香、米谷道、樋口昌也
	藤岡隼太、中山脩彬、前田康熙
図版協力	尾関　晴彦（エイブル）
図版制作	上海PG
イラスト	織田　明
編集進行	西川　恵美子（企画家力丸堂）
表紙デザイン	星野　智美（HOKU'S）
編集協力	EDIX
発行者	内田　克幸
編　集	吉田　明彦
発行所	株式会社 理論社
	〒101-0062 東京都千代田区神田駿河台2-5
	電話　営業03(6264)8890　編集03(6264)8891
	URL https://www.rironsha.com
印刷・製本	中央精版印刷株式会社

ISBN978-4-652-20263-0 NDC796 A5判　22cm 95p